윤봉길 평전

윤봉길 평전
강의한 사랑의 독립전사

초판 1쇄 펴낸날 2019년 3월 8일
초판 2쇄 펴낸날 2019년 4월 25일

지은이 이태복
펴낸이 이건복
펴낸곳 도서출판 동녘

등록 제311-1980-01호 1980년 3월 25일
주소 (10881) 경기도 파주시 회동길 77-26
전화 영업 031-955-3000 편집 031-955-3005 전송 031-955-3009
블로그 www.dongnyok.com 전자우편 editor@dongnyok.com
인쇄 새한문화사 종이 한서지업사

ISBN 978-89-7297-932-6 03990

• 잘못 만들어진 책은 구입처에서 바꿔 드립니다.
• 책값은 뒤표지에 쓰여 있습니다.
• 이 도서의 국립중앙도서관 출판시도서목록(CIP)은 서지정보유통지원시스템 홈페이지(http://seoji.nl.go.kr)와 국가자료공동목록시스템(http://www.nl.go.kr/kolisnet)에서 이용하실 수 있습니다.(CIP제어번호: CIP2019004359)

윤봉길 평전

이태복 지음

동녘

발문

윤봉길 의사의 4·29 상하이 의거가 갖는 의미와 성과를 밝힌 역작

이우재(월진회 명예회장, 전 국회의원)

우리 모두 잘 아는 윤봉길 의사는 스물다섯 젊은 나이에 위대한 영웅으로 순국했다. 그래서 윤봉길 의사의 사상의 형성 과정이나 이론적 내용이 구체적으로 무엇인지 분명히 밝혀진 바가 없다. 일각에서는 윤 의사의 사상을 동학사상으로 보거나, 심지어 윤 의사가 동학교도였다는 말도 있다. 또한 유교 영향을 가장 많이 받았다는 주장도 있다.

야학 등 국민계몽운동, 농업농촌 부흥운동, 협동조합운동, 수암체육회, 월진회 조직, 『농민독본』의 편저 등의 활동이 알려져 있지만, 10대 후반, 20대 초반에 윤 의사의 사상이 무엇이었는지 연구가 더 필요하다.

상하이로 떠나기 전, 윤 의사의 뜻과 실천은 일제하 우진회라는 월진회 지하 조직을 만들어 활동한 윤규상 선생님을 비롯한 윤 의사 후배들을 통하여 알려졌다. 그러나 아직 윤 의사의 상하이 생활이나 4·29 상하이 의거 과정도 구체적으로 연구된 바는 별로 없다. 그동안 윤봉길 의사에 관한 책이 여러 권 나왔지만, 상하이 의거 과정에서 일어난 윤 의사와 관련한 구체적 내용이나 자료는 여전히 부족하다.

이태복 월진회 회장은 오래 전부터 백범 김구 선생 측의 자료로 윤봉길 의사의 4·29 상하이 의거를 해석해온 관행의 부당성을 주장해왔다. 오랫동안 윤 의사의 주체적 결정 과정에 관한 자료 수집을 해왔고, 이런 객관적 자료를 근거로 이번에 이 책을 출간했다.

저자는 평소에도 윤 의사의 상하이 생활에 관한 새로운 자료들을 참조해야 하고, 무엇보다 중국 측의 자료가 필요하다고 말해왔다. 그리고 윤 의사의 상하이 의거 시기에 대한 우리 독립운동의 객관적 정세 분석도 함께 할 필요가 있다고 강조해왔다.

이 책은 그동안 밝혀진 새로운 자료들을 토대로 상하이 임시정부와 각 분야의 독립운동과의 관계를 정리하는 작업도 함께했다. 윤 의사의 4·29 상하이 의거가 갖는 의미와 성과, 영향을 밝혔다는 점에서 의미가 깊은 책이다.

독자들의 올바른 독립운동 역사 인식에 매우 도움이 되리라 생각한다. 앞으로 윤 의사에 관한 연구 자료들이 더 많이 발굴되어 더 깊은 연구가 이어지기를 기대한다.

이우재

1936년 충남 예산에서 출생했다. 서울대학교 수의학과 졸업, 한국농어촌사회연구소장, 민중당 상임대표, 대한수의사 회장, 한국마사회장, 16대 국회의원을 역임했고, 매헌 윤봉길 월진회장으로 10여 년 있으면서 조직의 기초를 다졌고 현재 명예회장으로 있다.

머리말

우리가 몰랐던 청년 윤봉길

이 책은 예산중학교 시절, 유인물을 통해 윤 의사를 만난 이래 한시도 머릿속을 떠나지 않았던 천추대의(千秋大義) 윤봉길 열사에 대한 이야기이다. 그동안 몇 권의 책들이 윤 의사의 모습을 다양하게 기록했다. 또한 소설가, 평론가, 역사연구가, 정치학자 등 많은 분들이 윤봉길에 관해 글도 썼다. 윤 의사의 고향 분들이 윤봉길의 다양한 모습을 그리기도 했다. 참으로 고마운 일이다. 그런데도 필자가 윤봉길에 관한 이야기를 굳이 '평전'이라는 이름으로 소개하는 데는 나름의 이유가 있다.

첫째는 24년 하고도 몇 개월을 산 윤 의사인데도 자료가 충분치 않아서 그동안 나온 책과 글에 부정확한 내용이 여러 군데 있다. 일본 입장으로 보면, 윤 의사는 자신들의 영광스런 육군 대신 출신 상하이 연합 사령관을 살해한 흉악범으로, 그의 존재 자체를 부정해야 했기에 흔적을 지울 필요가 있었다. 반면에 잔학한 식민통치하에 있었던 조선 천지에서 그 이름을 거론하는 자는 불령선인으로 낙인 찍혔고, 급박한 세계정세 속에서 해외 독립운동 진영은 살아남기에 급급했다. 그래서 그나마 있던 자료들조차 유실됐고, 구술 채록 등도 부인 배용순 여사나 고향 후배의 서숙 시절 얘기만 남아 있을 뿐이다. 이렇게 잘 알려지지 않은 윤 의사의 진면목을 이 책에서 알리고 싶었다.

둘째는 윤봉길 사전·사후의 기록과 자료 확보가 충분히 진행되지 못한 또 하나의 이유는 김구 측근들의 '1932년 4월29일 의거 프레임' 때문이다. 윤봉길 의사가 구속되어 일제로부터 고문, 폭행 등의 가혹한 심문을 받는 과정에서 나온 1932년 5월10일 김구 성명과 측근들의 중국 언론 투서는, 윤봉길 의사의 상하이 거사는 김구의 지시에 따른 것이며, 윤봉길은 이를 수행한 인물이라는 것을 나타낸다. 이 프레임은 상하이 거사의 주모자는 김구이고, 윤봉길은 행동대원에 지나지 않는다는 메시지를 담고 있다. 또한 『백범일지』에서 김구 선생이 자신의 지시에 따라 윤 의사가 거사를 했다고 기록했기 때문에 윤 의사의 의거를 다르게 해석할 여지가 별로 없었다. 독립운동사 연구자들조차 가장 빛나는 의열투쟁인 윤봉길 상하이 거사가 윤 의사의 주체적인 의거였다는 사실과 관련한 여러 자료가 나왔지만, 지금까지 침묵으로 일관해 오고 있는 실정이다. 이런 김구 측근으로부터 나온 '프레임'을 명확한 근거를 제시해 바로잡고 싶었다.

필자는 중학생 때 한일회담 반대 시위에 참여하고 윤봉길 거사일을 예산군민의 날로 지정하자는 서명운동을 하면서부터, 윤 의사가 단순히 김구의 행동대원이라고 여기는 사람들의 인식이 참으로 가슴 아팠다. 자신의 몸을 던져 역사의 제단에 서슴없이 목숨을 바친 한 인간의 '강의한 사랑'을 이렇게 폄하하는 현실이 원망스러워 반대 증거를 찾고 싶었지만 당시에는 구체적인 자료를 찾지 못했다. 윤 의사는 상하이 망명 이전에도 고향에서 야학활동을 하고, 월진회를 조직하는 등 맹렬한 현장운동가로 활약했다. 또 상하이 거사 당시, 윤봉길 의사는 어떤 조직에도 속하지 않았고, 따라서 상부의 지시에 따라 움직이는 조직원도 아니었다.

우리에게 잘 알려진 한인애국단 입단 선서문과 입단 기념사진이 있지 않는가? 하고 의문을 제기할 분도 있겠지만 한인애국단 선서는 거사 직전에 폭탄을 준비하는 데 꼭 필요해서 한 것이다. 게다가 한인애국단은 상설적인 조직도 아니었다. 거사 직전에 사진을 찍고 선서하는 것이 전부였다. 어떤 조직 생활이나 규율에 따라 실천 행동을 요구한 바도 없다. 의문들이 꼬리에 꼬리를 물었다.

윤봉길 의사가 상하이 생활을 함께한 사람들은 누구일까? 윤 의사는 그 당시 독립운동가 원로들 가운데 누구를 가장 믿고 따를 수 있다고 생각했을까? 상하이 참변과 관련된 상하이 독립운동가들의 정세 인식과 '윤봉길의 생각'에 어떤 연관성은 없을까? 또 윤봉길 의사의 상하이 노동파업 주동과 도미 유학을 위한 영어 공부의 배경은 무엇이었을까? 이런 의문들은 민주화운동을 하는 과정에서도 내내 품고 있었으나 구체적으로 파고들지는 못했다.

그러다가 2006년 『도산 안창호 평전』 집필 과정에서 몇 가지 자료를 발견하게 되었다. 흥사단 단우명부에서 고영선(필명 김광)이 발견되었고, 그가 살았던 상하이 주소도 흥사단 원동위원부 사무실과 안창호 선생 등 단우들이 살았던 곳이었다. 또 조소앙이 이승만에게 보낸 편지도 발견되었다. 이 자료들을 더 추적하면서 윤봉길 의사의 구속 이후 김구 측근들이 도산 안창호를 모략하기 위해 상하이 언론사에 보낸 투서 사건에 대한 진상조사위원회의 조사 자료와 그 사건으로 인해 상하이 임시정부에서 김구 측근들이 사직한 사건, 그리고 당시 진상조사위원회의 성명서를 찾았다. 또 윤 의사가 상하이 생활을 대부분 함께한 김광(본명 고영선)의 『윤봉길전』이 알려지면서 이 의문들이 하나씩 하나씩 풀리기 시작했다. 김구 측근들이 벌인 '윤 의사의 상하이 의거는 김구의 지시에 따른 거사'라는 프레임에 혹여 김구 측근들의 어떤 의도가 있었던 것은 아닐까? 하는 필자의 가설이 점점 설득력을 얻기 시작했다. 거사 이후 윤 의사가 헌병대에 수감되고, 도산 안창호 선생이 국내 감옥으로 압송된 틈을 이용해서 김구 측근들이 도산과 흥사단으로 집중되던 장제스의 지원을 자신들에게 돌리고, 윤 의사의 상하이 거사를 윤봉길이 아니라 자신들의 공로로 만들려는 과욕이 빚어낸 프로젝트는 아니었을까 하는 의문이 구체적인 자료들을 만나 진실에 가까워지는 순간을 맞이하게 되었다.

그렇다고 김구 선생의 빛나는 항일투쟁과 평생을 바친 독립운동 정신이 빛을 바래는 것은 아니다. 김구 측근들의 과욕을 김구 선생이 전적으로 동의했다고 보기도 어렵다. 윤 의사의 상하이 거사에 결정적인 도움을 준 사람은 분명 김구 선생이었다.

셋째는 새로운 자료들의 발견으로 필자가 가져왔던 의문의 퍼즐이 풀리는 과정을 보여주고 싶었다. 아직은 미진한 부분인 윤 의사의 상하이 의거 당시 중국 정부의 태도는 무엇이었고, 구체적 움직임은 없었는가 하는 문제는 최근에야 조금씩 논문이 발표되고 있다. 이런 부분들은 이후 철저한 검증이 필요할 것이다.

넷째는 윤 의사의 상하이 거사를 이해하기 위해서는 윤 의사의 살아온 이력 못지않게, 상하이 독립운동 진영의 내부 사정을 들여다 볼 필요가 있음을 강조하고 싶었다. 해외 독립운동가들의 이념과 노선, 그리고 실천 등이 서로 부딪치면서 안타깝게도 독립운동은 통합되는 방향으로 나아가지 못했다. 당시 상하이 임시정부는 무장독립운동 세력이나 창조파 등 다른 세력들이 거의 다 빠져나가고 안창호 선생조차 임시정부 밖에 있으면서 남은 이들을 다독이며 활동하고 있었다. 상하이 임시정부와 독립운동 모든 일에 도산 안창호 선생이 관여하지 않는 일은 없었다. 김구 선생 역시 이와 관련한 주요 사항을 안창호 선생에게 보고했을 것이라는 생각은 상식이다. 노선의 차이, 생활고 등으로 갈기갈기 찢겨진 독립운동가들의 어려운 상황 속에서 윤 의사의 거사는 독립운동에 활력을 불어넣었고, 불가능할 것 같았던 독립운동 전쟁에 도화선이 되었다.

다섯째는 외국 조계지에서 주로 벌여왔던 독립운동이었기에, 주변 정세와 움직임이 윤 의사의 상하이 의거에 많은 영향을 미칠 수밖에 없었음을 보여주고 싶었다. 만보산사건이나 괴뢰정권 만주국의 탄생, 상하이 참변, 소련혁명이나 국공합작을 바라보는 쑨원과 장제스의 입장 차이 등을 살펴보지 않고서는 윤 의사 내면의 고민과 실천을 이해하기 어렵다고 판단했다. 그래서 〈6장〉에서 복잡다단한 당시 중국 내 상황을 개략적으로 다루지 않을 수 없었다.

이 모든 과정들을 밟으면서 필자가 내린 결론은 윤 의사의 4·29 상하이 의거는 단순히 김구 선생의 지시로 일어난 일이 아니라, 윤봉길 의사 자신과 주변 청년 동지들의 주체적인 결단과 선택이라는 사실이다. 윤 의사의 '강의한 사랑'의 실천을 누군가의 지시에 따른 행동대원으로 폄하해선 안 된다. 이를 바로잡고자 했던 것이 필자가 굳이 '평전'이라는 이름으로 이 책을 내게 된 까닭이기도 하다.

이 책은 윤 의사의 죽음부터 시작한다. 탄생부터 죽음까지를 다루는 시간적 흐름의 기술을 뒤집었다. 시간적 배열의 역순이 독자들에게 낯선 느낌을 줄 수도 있다. 하지만 필자가 이런 방식을 선택한 이유는 집을 떠나기 전에 남긴 "대장부가 집을 떠나 뜻을 이루기 전에는 살아서 돌아오지 않는다"는 뜻의 '장부출가생불환(丈夫出家生不還)'이란 윤봉길의 다짐과 결의를 온전히 대면하고 집중하기 위해서다. 또한 처음에 윤 의사의 죽음을 보여줌으로써 윤 의사의 유해를 쓰레기장 주변에 암장해 일본인들이 13년간 그 유해를 짓밟고 다니게 한 일본군부의 만행을 먼저 알리고 싶었다. 가나자와의 윤 의사 암장지는 한국인의 성지가 되었다.

이 책을 통해 항일독립운동사에 마지막을 찬란히 장식한 윤봉길 의사의 결단을 오늘의 젊은이들이 몸에 익히고, 마음에 새겼으면 좋겠다. 윤 의사가 창립한 월진회의 '나라 사랑 정신'을 강조하는 교육 프로그램을 체험한 학생들은 체험 전과 비교해 나라를 생각하는 태도가 많이 달라진다고 한다. 윤봉길의 정신이 지금도, 후대에도 길이길이 이어져 제2, 제3의 윤봉길이 태어나 민주화와 조국 통일이 실현되어 세계의 으뜸 나라, 모든 국민들이 복되게 사는 사회를 만들어가길 기원해본다.

이를 위해서 월진회에는 10여 년 동안 봉사하여 월진회의 기초를 다진 이우재 명예회장 님, 고 윤규상 명예회장 님, 윤주경 전 독립기념관장 님, 10억의 거금을 기증해서 운영에 도움을 주신 유충식 님, 윤수일 감사와 윤철현 님, 인완진 님, 이선연 님, 오가와 님, 임종분 님, 함기철 님, 성시석 님, 이계항 님, 강희춘 님, 김영우 님, 윤대섭 님, 김태영 님, 곽호일 님 등 많은 분들이 불철주야 뛰어다니고 있다. 이분들에게도 가정의 행복과 건강이 가득하길 기도드린다. 또 서울의 매헌윤봉길의사기념사업회를 정상화하는 데 애쓰신 김진우 전 회장님과 현 황길수 회장님, 이성섭 윤봉길의사기념관 상임운영위원 등 여러분들이 윤 의사의 강의한 사랑을 전하기 위해 애쓰고 있다. 이분들에게도 윤봉길 의사의 꿈이 이뤄지길 빈다.

이 책의 집필 과정에서 아내인 심복자 박사의 애정 어린 충고와 비판에 많은 도움을 받았다. 이 자리를 빌려 고맙고 수고했다는 마음을 전한다.

2019년 1월 이태복

차례

일러두기

1. 중국·일본 인명과 지명은 국립국어원 외래어표기법을 따랐다. 단, 우리에게 익숙한 이름이나 지명은 괄호[( )] 안에 한글이나 한자로 표기해 이해를 돕고자 했다. [예: 쑨원(손문)]
2. 책, 잡지, 일간지는 겹낫표(『 』)로, 그 외의 기사, 단편 글, 논문은 홑낫표(「 」)로 구분해 표기했다.

1장

가나자와(金澤)에 별이 뜨다

25세 윤봉길, 그는 왜 역사의 제단에 몸을 바쳤는가

스물다섯 살 청년 윤봉길은 거사 직후 불과 일곱 달 만에 전격적으로 가나자와(金澤) 근교 미고우시 처형장에서 총살형을 당했다. 1932년 12월19일 7시40분. 1908년 6월21일에 태어났으니 만 24년하고 6개월로 생을 마감했다.

무엇 때문에 이 젊디젊은 스물다섯 젊은이가 역사의 제단에 자신의 몸을 바쳤는가?

고향인 예산의 덕산에서 문맹을 깨치기 위해 야학도 하고, 농민들을 조직해 협동조합도 만들고, 월진회를 꾸려 조국 독립에 대비하기 위해 몸부림쳤던 젊은이였다. 그런데 조선의 민중들은 갈수록 피폐해지고 기아선상에

임시정부가 있던 1920년대의 상하이

서 헤매고 있었다. 일제의 지배를 벗어나지 못하는 한, 독립전쟁을 통한 승리를 얻지 못하는 한, 조선 땅에서는 어찌할 수 없다!

그래서 윤봉길은 일단 상하이(上海)로 가서 군대 조직에 들어가는 등 구국의 방도를 찾고자 했다. 만주 지역은 일본 제국주의의 본격적인 군사침략으로 쑥대밭이 되었기에 임시정부가 있는 상하이로 마음을 바꾼 것이다.

그런데 막상 상하이에 와보니, 상하이 독립운동 진영의 분위기는 침체되고, 독립운동가들은 하루하루 생존에 허덕이고 있었다. 아직 독립의 여건이 성숙되고 있지 않았다. 윤봉길은 미국에 유학을 가서 세계정세를 익히기 위해 준비를 할 필요가 있다[1]는 생각도 가졌다. 그래서 주경야독으로 영어 공부도 시작했다.

아비규환이 된 '동양의 파리'

하지만 일본 제국주의는 만주 침공에 이어 전광석화처럼 상하이 공격에 나서고 있었다. 수십만 육해공군을 동원해 상하이를 공격하니 상하이를 방어하던 중국군의 19로군이 괴멸적인 타격을 입고 상하이 외곽으로 철수했다. 그리고 일본군과 정전 협상을 시도하고 있었다.

상하이는 아비규환이었다. 비행기가 하늘에서 포탄을 퍼붓고, 바다에서 함포 사격이 끊임없이 이어지고, 일본군이 외국 조계지•를 제외한 전 지역을 점령하면서 무자비한 살육이 벌어지고 있었다. '동양의 파리'라는 상하이는 외국 조계지를 제외하고 흔적도 없이 사라졌다.

"비상한 시기에는 비상한 행동을"

이 상황에서 무엇을 할 것인가. 조·중 친선협회 활동[2]을 맹렬히 하고 있었던 안창호, 김두봉 선생은 '비상 시기에 비상한 행동'을 강조했다. 상하이의 젊은 친구들 김광, 최석순, 정화암, 유기석 등도 "일본 제국주의에 타격을 가하는 행동을 즉각 취하자"고 주장했다.

• 조계지는 주로 제국주의 열강이 침탈한 땅을 말한다. 외국인들은 이곳에서 자유롭게 거주하며 상업 활동을 할 수 있었고, 치외법권도 인정받았다. 중국과 한국에서는 조계라 불렀고, 일본에서는 거류지라는 이름으로 불렀다. 상하이에는 프랑스의 조계지였던 타이캉루의 티엔즈팡 지역과 우캉루 일대, 일본의 조계지였던 루쉰 공원 일대와 영국의 조계지였던 와이탄이 있다.

윤봉길은 이 분들의 말씀을 듣고 나서 깊이 고민을 거듭해보았다. 독립운동의 지도자로 안목을 넓히고 실력과 투쟁을 기르는 것도 중요하지만, 지금 이 시기야말로 좌고우면할 상황이 아니었다. 이 한 목숨을 던져 멀어져가는 조국 독립의 꿈과 의지를 전 세계에 알리고 동양 평화를 파괴하고 있는 일본군부의 수뇌부를 처단해 그 기세를 꺾어야 한다. 조국 독립을 위해 목숨을 내던지고 싸우는 독립전쟁의 전사가 되길 소원하지 않았던가. 이를 위해서, 나 윤봉길이 한 목숨을 바칠 수만 있다면 독립전쟁의 전사(戰士)로서 무한한 영광이 아니겠는가. 김광을 비롯한 뜻 맞는 여러 동지들의 생각도 이와 같았다. 다른 누가 아니라 내가 하자!

이렇게 윤봉길 의사는 목표를 향해 자신의 소중한 목숨을 기꺼이 내던지는 실천의 진수를 보여주기로 결심한다. 입으로 독립, 독립을 외치면서도 독립과 먼 생활을 하거나, 목숨을 바치겠다고 결의는 잘 하면서도 정작 목숨을 내놓을 시점이 되면 뒤로 도망치는 것, 그것은 진정한 독립운동가의 자세가 아니다. 필사(必死)의 각오로 싸우지 않았기에 애국계몽의 시기에도, 의병전쟁의 치열한 전투에도 나라의 멸망을 막지 못했고, 수십 년간 풍찬노

숙(風餐露宿)만 길어지고 있는 것이다. 지금은 목숨을 던진 투쟁만이 독립전쟁의 승리의 교두보를 담보해낼 수 있다. 윤봉길은 결론을 내렸다.

확실하게 던지고, 확실하게 끝장내야 한다

일본군 수뇌부가 대중 앞에 모습을 드러내는 일왕의 생일인 천장절 축하식장이야말로 세계만방에 일제의 잔혹한 침략의 진상을 폭로하고 타격을 가해 조선 독립을 호소할 수 있는 절호의 기회였다. 확실하게 던지고 확실하게 끝장내야 한다.

1932년 4월29일 윤봉길 의사는 평소에 연마해온 강건한 체력으로 준비한 폭탄 도시락과 물통 가운데 물통 폭탄을 단상에 정확하게 던졌다. 상하이 거주 11만 일본인과 9사단과 해병대 1만 2,000명, 그리고 각국의 사절과 초청자 등 약 3만 명이 운집한 축하식장이었다. 윤 의사의 목표가 된 축하식장의 식단은 높이 1.8미터, 가로 3.5미터, 세로 3.6미터의 공간이었다.

물통 폭탄은 일본군 사령관 시라카와(白川) 대장 앞으

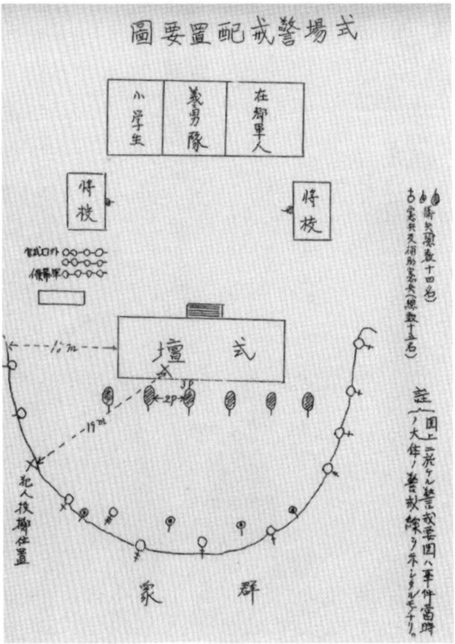

상하이 홍커우 공원에 마련된 기념식장 배치도[3]

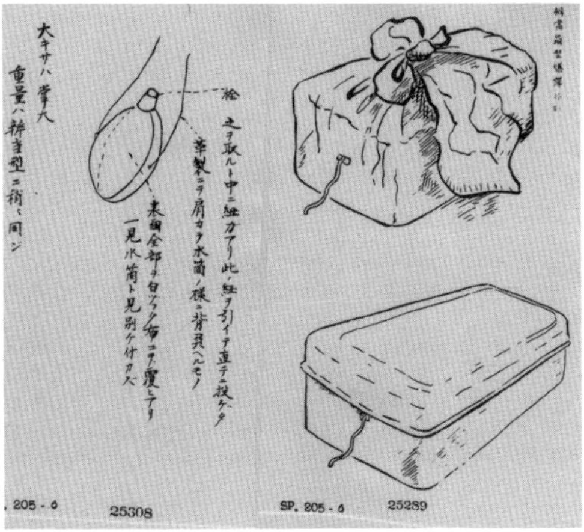

윤 의사가 사용한 물통 폭탄, 도시락 폭탄[4]

1932년 4월29일 상하이 홍커우 공원에서 열린 천장절 축하식전(위)과 폭발 순간(아래)

로 굴러가 한줄기 연기를 뿜어내면서 장렬하게 폭발했다. 단상에 도열했던 침략의 원흉들은 일곱 명이었다. 무라이 구라마쓰 주중총영사, 우에다 겐키치 9사단장, 시라카와 요시노리 대장, 노무라 기치사부로(野村吉三郎) 해군 사령관, 시게미츠 마모루 주중공사, 가와바타 사다지(河端貞次) 거류민단 행정위원장, 도모노 모리 민단 서기장 등(오른쪽부터 서 있던 순서)이었다.

일본군부에서 존경받는다는 사령관 시라카와 대장은 치명상을 입은 끝에 신음하다 죽었다. 가와바타 사다지 거류민단 행정위원장은 폭단을 맞고 장사가 끊어져 열다섯 시간 만인 4월30일 새벽에 죽었다. 우에다(植田) 9사단장과 시게미츠(重光) 공사는 다리가 절단됐으며, 제3함대 사령관 노무라 중장은 실명했다.

특히 시라카와(白川) 대장은 일본군부에서 위명을 떨치는 자로, 1868년 에히메현 출신이다. 일본 육군사관학교를 수석 졸업하고, 중국 주둔군 사령관, 육군사관학교장, 제11사단장, 제1사단장, 육군성 차관, 1924년에 관동군 사령관 등을 지낸 뒤 1927년부터 1929년까지 육군대신을 지냈다. 일본은 1932년 1월에 상하이 사변을 일으켰으나 중국의 완강한 저항에 부딪치자 퇴역한 사람을 재임명해 상하이 살육을 지휘하게 했고, 그 장본인이 시라카와였다.

시라카와 대장은 폭탄 공격을 받은 초기에는 얼굴과 복부에 입은 부상이 가벼운 증세로 알려졌으나 파편 24개가 박혀서 5월20일부터 병세가 악화되었다. 혈변이 보이고 패혈증세가 나타났고, 긴급 수혈과 대수술을 했으나 5월26일 사망했다. 일왕은 5월23일 남작 작위를 수여하고 술을 내리는 등 각별한 처우를 했으나 만주와 각 지역에서 벌인 잔혹한 학살에 대한 업보를 받았다. 이로써 윤 의사는 숭고한 뜻을 이뤘다.

상하이 파견군 군법회의, 신문 23일 만에 사형을 결정하다

이에 일본 제국주의는 윤봉길 거사의 배후로 의심되는 안창호 선생을 체포해 국내로 압송한 후 형식적인 재판을 거쳐 감옥에 감금했고, 김구 선생을 비롯한 독립지사들은 상하이를 탈출해 유랑의 길을 떠나야 했다. 무엇보다 일본군부는 '조선 독립 만세' 의지를 전 세계에 알린 윤봉길을 신속하게 처형함으로써 그 폭발력을 잠재우려 했다.

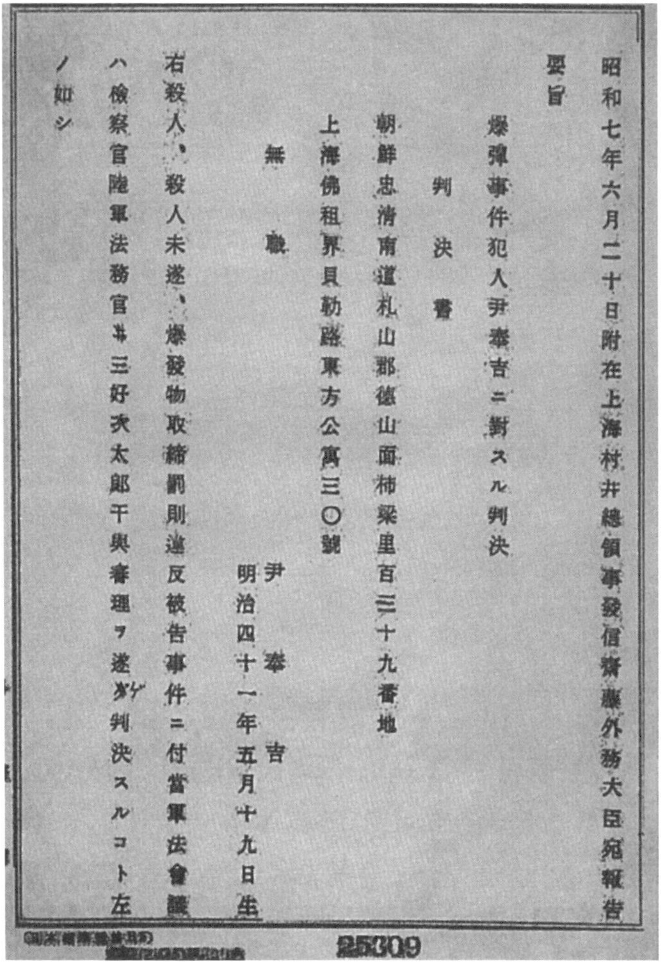
昭和七年六月二十日附在上海村井總領事發信齋藤外務大臣宛報告

要旨

爆彈事件犯人尹奉吉ニ對スル判決

判決書

朝鮮忠清南道礼山郡德山面柿梁里百三十九番地

上海佛租界貝勒路東方公寓三〇號

無職 尹奉吉

明治四十一年五月十九日生

右殺人、殺人未遂、爆發物取締罰則違反被告事件ニ付當軍法會議ハ検察官陸軍法務官ヰ三好次太郎干與審理ヲ遂ケ判決スルコト左ノ如シ

25309

윤봉길 의사에 대한 사형 판결문[5]

일본 제국주의는 윤봉길 의사를 홍커우 공원 건너편에 있는 헌병분대에 유치한 뒤, 1·2차 조사를 진행했다. 총영사관측과 협의하여 윤 의사를 일반 테러범을 다루는 형사재판을 하지 않고, 군법회의법에 따라 처리하기로 결정한 후, 상하이 양수푸(楊樹浦)의 군사령부 구치소로 옮겼다. 7차에 걸친 혹독한 신문을 거쳐 상하이 헌병대는 5월 2일에 마침내 예심 청구를 했다. 상하이 파견군 군법회의는 5월4일부터 윤 의사를 신문했고, 5월25일 살인, 살인미수, 상해, 폭발물단속벌칙위반죄로 사형 판결을 내렸다.

일본 제국주의는 치명상을 입고 다리를 절단해야 했던 우에다 9사단장의 부대에게 상하이에서 철수하라는 명령을 내리면서 윤봉길 처형을 지시했다. 후임 사단장은 아라마키 요시카츠(荒蒔義勝) 중장이었다.

일본군 내부에서는 김구의 체포가 이뤄지지 않은 상황에서 윤봉길 처형을 즉각 집행할 경우 후유증•도 있을 수 있기에 집행 시기를 늦추자는 의견도 있었다. 하지만 받아들여지지 않았다.

• 김구는 이미 일왕 저격 사건의 배후로 지명수배가 된 상태로 일제는 그의 체포를 기다릴 수 없고, 또 병합심리할 수 없으며, 윤 의사 단독범행으로 처리하는 것이 법리상 유리하다는 주장이 있었으나 받아들여지지 않았다.

11월18일, 일본 처형장으로 출항하다

1932년 11월18일, 호송헌병 3인의 감시하에 윤봉길 의사는 우편수송선 대양호(大洋互) 이등선실에 타고 세토나이카이(懶戸内海)를 거쳐 고베 항구의 외항에 11월20일 새벽 4시에 도착했다.

『오사카아사히신문(大阪朝日新聞)』은 11월21일자에 윤 의사가 고베항에 도착할 당시의 모습을 자세하게 보도했다.

고베 헌병분대와 수상서원 수십 명은 정오부터 대기소에 쾌속선을 준비해놓고 대양호를 기다렸다. 배가 도착하자 헌병들이 올라갔지만, 사진기자 등의 접근을 차단했고, 호송 경로도 극비에 부쳐져 있었다.

세 시 지나서 3등 421호실부터 끌려 내려와 근처의 의무실에서 간단한 건강검진을 받았는데, 말없이 창백한 얼굴이었고, 여름용 메리야스 셔츠 위에 엷은 갈색 양복에 춘추복 외투를 입었다. 머리는 길게 길었으나 수염을 깎은 흔적이 푸르고 날카로운 눈빛과 함께 매우 섬뜩한 느낌을 주었다.

윤 의사는 스기야마 소장에게 유창한 일본말로 "사진은 찍지 않도록 해주시오"라고 말했다. '사진을 찍지 못하게 할

윤 의사를 호송한 대양호(상하이–고베)

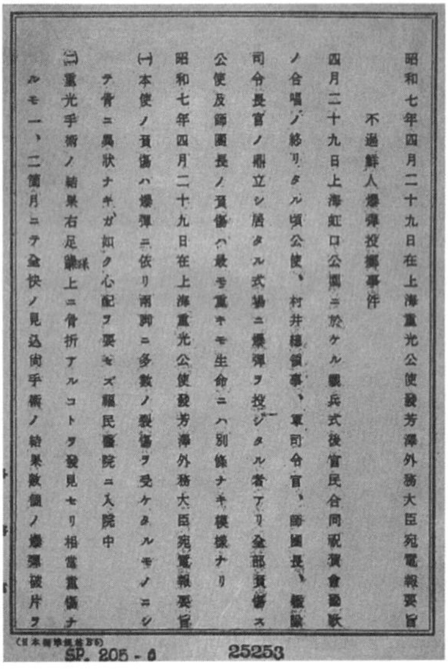

昭和七年四月二十九日在上海重光公使發芳澤外務大臣宛電報要旨

不逞鮮人爆弾投擲事件

四月二十九日上海虹口公園ニ於ケル觀兵式後官民合同祝賀會國歌ノ合唱ノ終リタル頃公使、村井總領事、軍司令官、師團長、艦隊司令長官ノ起立シ居タル式場ニ爆弾ヲ投ジタル者アリ全部負傷ス公使及師團長ノ負傷ハ最モ重キモ生命ニハ別條ナキ模様ナリ

昭和七年四月二十九日在上海重光公使發芳澤外務大臣宛電報要旨

(一)本使ノ負傷ハ爆弾ニ依リ兩脚ニ多數ノ裂傷ヲ受ケタルモノニシテ骨ニ異状ナキガ如ク心配ヲ要セズ福民醫院ニ入院中

(二)重光手術ノ結果右足踝上ニ骨折アルコトヲ發見セリ相當重傷ナルモ一、二箇月ニテ全快ノ見込術手術ノ結果數個ノ爆彈破片ヲ

SP. 205 - 6 25253

윤 의사 일본 압송에 관한 상하이 총영사 전보[6]

터이니 안심하라'는 말을 듣고는 쥐색 중절모를 쓰고 수갑을 찬 채로 사복 헌병에 포위되어 갑판으로 나왔다.

네 시가 되서 자동차 세 대에 나눠 타고 고베 시내를 종단해 한신국도를 통해 오사카로 향했다.

오사카 육군 구금소에 수감된 윤 의사

윤 의사는 다시 오사카의 육군 구금소 미결감 중앙 독방에 수감되었다. 소지품으로는 사전, 혁대, 지갑 등이 있었다. 윤 의사는 황색 죄수복을 입었고, 식사는 군인에게 제공되는 음식이 나왔다.

당시 오사카에는 한인 노동자가 많이 거주했다. 1919년 3·1독립 만세운동 때도 게이오대학 사학과 학생 염상섭 등 20여 명이 시위를 모의했다가 구속되어 금고 6개월을 선고받는 등 항일운동이 활발했던 지역이었다. 일본 제국주의는 조선인들의 소요사태를 우려해, 윤 의사의 육군 내 구금을 극비에 부쳤다.

오사카 구금소장 미야이(宮井) 대령(법무관)은 윤 의사를 한 달 동안 구금한 뒤 12월18일 윤 의사에게 "양일 이

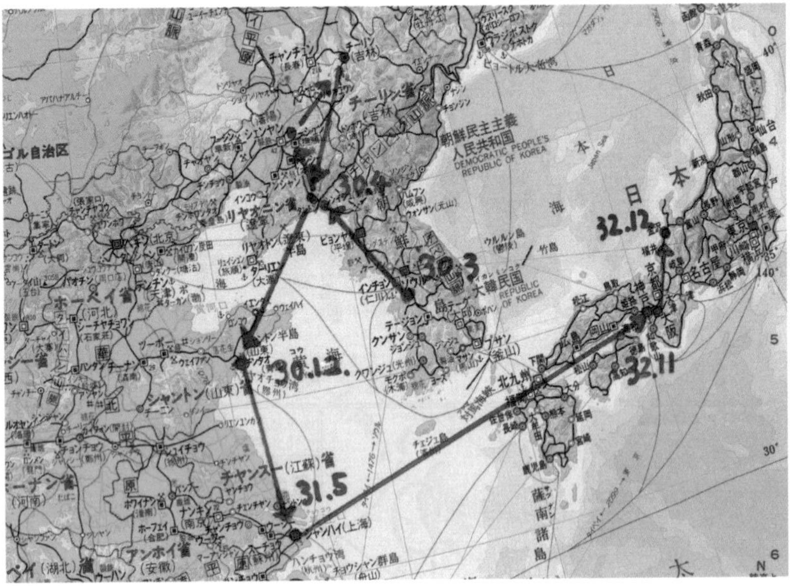

윤봉길의 발자취(1930년 3월~1932년 12월)

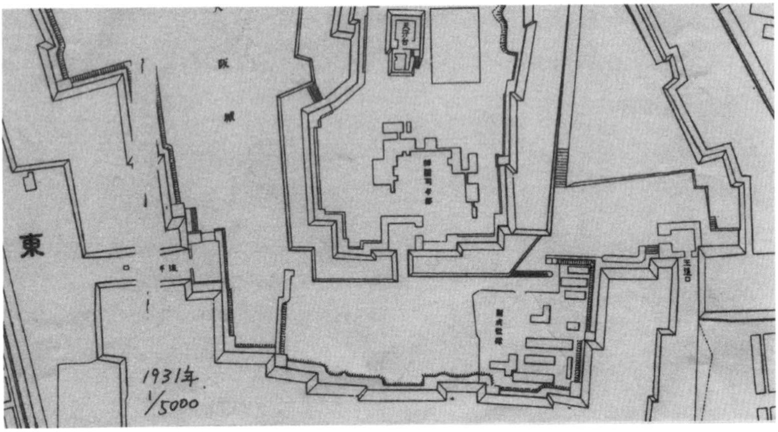

위수구금소(오사카)

내 총살형, 상하이 투탄 사건의 관할인 9사단 관하의 가나자와"라고 통고했다. 가나자와 지역은 윤 의사의 폭탄 투척으로 중상을 입은 9사단장의 수하 군인 대다수의 출신 지역으로, 9사단은 청일, 노일전쟁 때 한반도에 출전한 장병들이 많았던 사단이다.

윤 의사는 다시 12월18일 오전 10시 양복 차림으로 헌병 여섯 명에 둘러싸여 오사카역으로 호송됐다.

구금소장 미야이 대령이 동행하고 철도관구직원 한 명도 합승했다. 윤 의사를 태운 열차는 마이바라역(米原驛)을 경유해서 도야마(富山)행 이등열차로 오전 11시50분에 출발했다. 호송열차는 오후 5시20분에 예정을 바꿔 서(西) 가나자와역에서 하차했다. 호송 아홉 명과 경호 병력 헌병과 경찰 10여 명이 윤 의사를 30분 거리에 있는 법무부 구금소에 수감했다.

후일에 드러난 일본군 내부 자료에 의하면 이미 가나자와 9사단 법무부에는 우에다의 후임 9사단장이 12월 17일자로 작성한 사단 명령 세 통과 시달명령 두 통이 내려와 있었다.[7]

윤 의사의 처형을 위한 장소, 시기, 인원, 주의사항 등을 세세하게 지시한 이 명령문에 따르면 현 지사와 경찰

당시의 오사카역

위수구금소(가나자와)

본부 등까지, 동원한 인원이 경찰 300명, 보병·헌병·공병 200명 등 총 500명에 이르렀다.

12월19일 오전 7시, 총살 집행 시간이 하달되다

윤봉길 의사는 12월19일 오전 6시에 기상했다. 법무관 두 명이 입회하여 "아침식사를 할 것이냐?" 하고 묻자, 윤 의사는 고개를 좌우로 흔들어 거부 의사를 표시한 뒤, "소금물로 목을 축이고 싶다"고 요구했다. 법무관은 처형장에서 소금물을 주기로 했다.

윤 의사를 태운 차량은 호송 승용차 외 경비차 두 대 등 일곱 대의 차량에 열여덟 명이 착석했다. 9사단장 아라마키 중장에 의해 하달된 총살형 집행 시간은 12월19일 오전 7시. 오전 7시는 가나자와 지역에서 태양이 떠오르는 시각이다. 장소는 이시카와(石川) 육군 작업장으로 결정하고, 미리 막료(幕僚) 및 감찰관으로 하여금 이를 실사하여 범인, 사수, 입회자, 입장 허가자들의 각 위치 등을 구체적으로 선정했다.[8]

입회관은 총살형의 집행을 내린 9사단장 아라마키 요

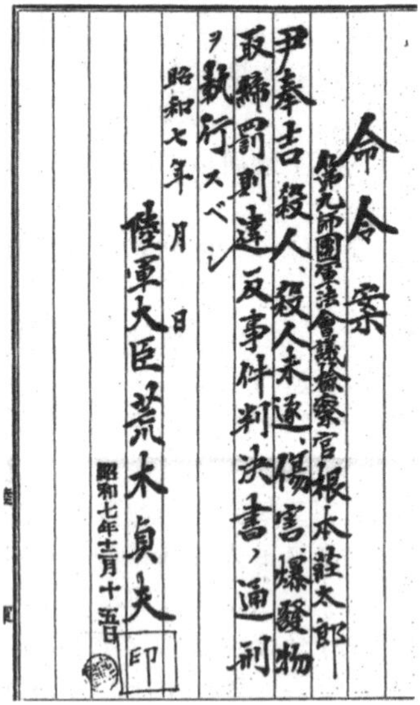

命令案

第九師團軍法會議檢察官根本莊太郎

尹奉吉殺人、殺人未遂、傷害、爆發物取締罰則違反事件判決書ノ通リ刑ヲ執行スベシ

昭和七年　月　日

陸軍大臣荒木貞夫 印

昭和七年十二月十五日

9사단장 사형집행 명령서

윤 의사 처형장, 암장지 주변 위치도

시카츠, 9사단 군법회의 검찰관 겸 가나자와 위수구금소장, 육군법무관 겸 육군감옥장 네모도 소다로(根本蔣太郎), 9사단 군법회의 육군녹사, 가나자와 위수구금소부 다치무라 규베(立村久兵衛), 오사카 위수구금소장, 육군 감옥장 미야이 도시키지, 보병 7연대장 육군대령 이가라시 보기지(五十風俉吉), 육군1등군의 위수병원장 세가와 요시오(懶川吉雄), 제5사단 군법회의 검찰관 스스키 다다마사(金官木忠滅)였다.

아울러 9사단장은 가나자와 지방검찰청과 이시카와현 경찰본부에도 "상하이 투탄 사건 범인 윤봉길을 보통 열차로 호송하고, 다음 날 오전 7시에 유지가와무라(內川村) 내의 미고우시 육군 작업장 특설형장에서 총살형을 집행하니 군기에 관한 사항을 엄중 비밀"로 유지하고 불상사가 일어나지 않도록 엄중히 경계하라고 지시했다. 직접 지휘는 가나자와 헌병대에서 담당하고 12월18일 오후 5시부터 19일 오전 7시까지 15만 명의 가나자와시에 군, 경 등 500여 명에게 비상경계 태세를 선포하도록 조치했다.

형장인 미고우시 작업장은 가나자와 육군 작업장 서북 골짜기에 위치해 있는데 동쪽은 7미터의 낭떠러지였

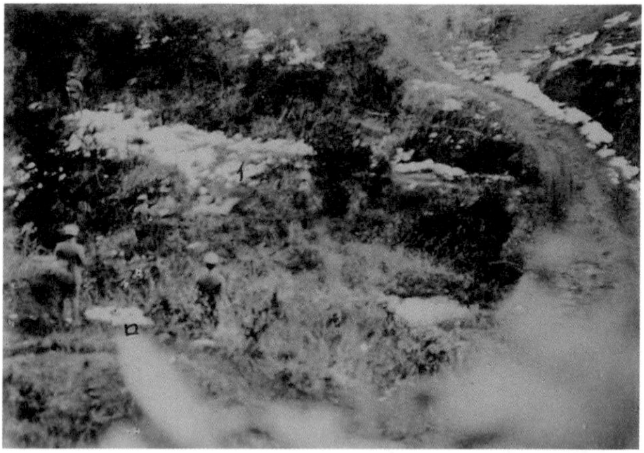

윤봉길 의사 처형장

다. 절벽 앞 3미터 지점에 형틀이 세워지고 형틀로부터 서북쪽으로 10미터 떨어진 지점에 사수 두 명이, 형틀에서 20미터 떨어진 곳에 입회인 가설 천막이 설치되었다. 이곳에는 군, 경, 관료들을 합쳐 70명 정도가 참관했다.

"더 할 말 없다. 이대로 빨리 집행하라"

헌병 세 명에 의해 포승에 묶인 윤 의사는 구겨진 양복을 입었다. 하지만 윤 의사는 침착하고 형형한 눈길로 헌

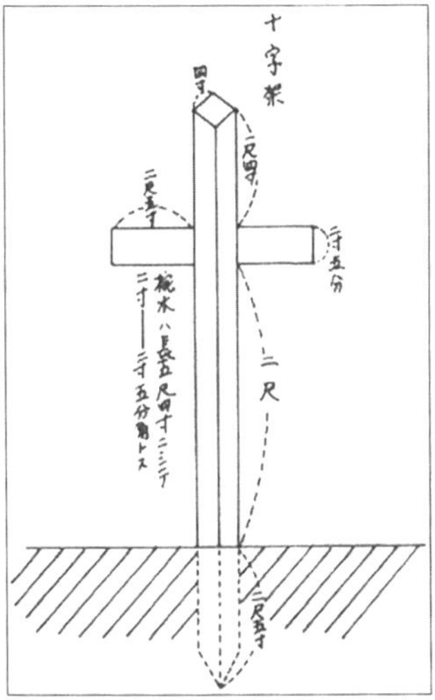

윤 의사가 묶인 십자가 형틀 모형도[9]

병들을 쏘아보면서 십자 형틀 앞 멍석 위에 앉았다.

윤 의사가 앞무릎을 정좌하자 이마와 눈을 가리고, 손을 십자가 형틀에 묶었다. 세가와 요시오 일등군의 대령의 문진이 있고나서 간수장 다지다 소령이 "최후 진술이 있는가?" 하고 물었다. 윤 의사는 "더 할 말 없다. 이대로 빨리 집행하라"고 말하고 나서 고개를 똑바로 들었다.•

현병 다섯 명이 형틀로부터 떨어지자 니시노 중위의

• 이 장면에서 일부 자료에는 윤 의사가 동학군의 창의문을 읊었다고 되어 있으나 윤 의사 처형 과정을 세세하게 기록한 일본군부의 어떤 문서에도 이를 뒷받침하는 증거는 없다.

지시로 사수 두 명이 발사한 총탄이 윤 의사 이마를 관통했다. 엎드려 쏴 자세로 먼저 나카노 기치사부로오(中野吉三郎) 군조가 이마를 사격하고 요코이 소토기치(橫井外吉) 군조가 쏜 총알이 후두결절부(後頭結節部)에 관통해 윤 의사는 출혈이 심해 절명했다.[10]

세가와 군의관은 "때는 오전 7시40분 사형집행 무사 완료"라는 복명의 검시 보고와 가나자와 헌병대장이 네모도(根本) 사형집행 법무관에 큰소리로 복창하자 윤 의사 사형집행은 끝났다. 윤 의사의 사형은 시라카와 대장이 사망한 6시25분경에 맞추어 집행됐다. 시차를 고려하면 윤 의사의 사망 시간이 거의 일치한다. 안중근 의사의 사형집행도 이토 히로부미의 사망 시간(1910년 10월 26일)인 오전 10시에 맞춰졌다. 당시 중국 언론들도 시라카와 대장의 죽음에 윤봉길 의사를 순장시킨다는 보도를 한 바 있다.

이후 오전 10시, 군경은 전시 경계를 해제하고 이시카와 현청에서 기자회견을 열고 4·29 상하이 폭탄 사건의 윤봉길 의사에 대한 처형 소식을 공식 발표했다.

윤봉길 의사 처형 직전 순간

윤봉길 의사 처형 직후 순간

北國新聞 夕刊

上海爆弾犯人

三小牛作業場にて
今朝銃殺を執行さる

昨夕大阪から金澤に護送

遺骸は金澤て火葬に附す

1932.12.19
(9)

朝日洩るゝ雑木林に
銃聲轟くその刹那！
犯人観念して刑柱にもたる

日本で三度目の銃殺執行

今朝銃殺された上海爆弾犯人

大谷光演師

日本宗教販吹に
一月中旬渡満
京都本山で計畫

外部に洩れるを
非常に心配した

人目を避けて―
西金澤驛に途中下車
で囲み自動車七臺の警戒

徹夜警戒した

金澤で死刑を
執行した譯

金澤で火葬か

윤 의사의 사형집행을 보도한 『홋코쿠(北国)신문』 1932년 12월19일 석간

송환도, 묘지도, 화장도 없이 암매장되다

윤봉길 의사의 사망을 확인하는 검시 뒤에 일본군부는 처음부터 계획한 대로 매장하기로 했다. 조선의 예산에 있는 본가의 유해 송환 요구에 응할 생각이 추호도 없었다. 왜냐하면 처형 명령장에 처음부터 모포와 유해를 넣을 관을 고폭 삼척, 장 육척, 부피 오분관(五分棺) 소나무로 만들어 처형장 헌병대로 보내라고 자세하게 지시했기 때문이다.

일본군부가 윤 의사를 묻으려 한 곳은 묘지가 아니었

윤봉길 의사 암장지

다. 화장하는 것은 더더욱 아니었다. 전사한 일본군의 유족들이 드나드는 입구의 쓰레기를 버리는 곳에 암장해 일본인들이 밟고 다니게 할 참이었다. 그래서 육군대장, 중장 등 지휘부를 폭살하고 중상을 입힌 윤 의사의 엄청난 기운을 죽은 뒤라도 내리누르려 했다. 유해를 모포에 싸서 장방형으로 파놓은 땅 속에 묻고 그 위에 형틀의 지주를 같이 묻었다. 흙으로 덮은 뒤 서너 명이 올라가 평평하게 한 뒤 낙엽을 덮어 윤 의사의 시신을 묻은 흔적을 지웠다.

윤 의사 암장지, 13년 동안 짓밟히다

이렇게 일본인들이 윤 의사를 밟고 다니도록 암장한 일본군부는 시라카와 대장이 사망하자 그를 전사상(戰死傷)자로 분류했다.[11] 전사상자로 분류했다는 것은 일본군부가 시라카와를 상하이 전투 중에 사망했다는 것으로 공식 인정한 것이다. 이는 곧 시라카와 대장을 폭살한 윤봉길 의사를 독립군으로 인정했다는 뜻이기도 하다. 윤봉길 의사를 테러범을 다루는 형사법정에 세우지 않고, 군사법정에 세운 것에서도 군부의 이러한 인식이 드러난다.

그러나 일본군부는 비열하게도 시라카와 대장은 전사 상자로 분류해 일왕의 은급(恩給)을 받도록 조치하고, 윤 의사에게는 적군의 대장에 대한 합당한 예우는커녕 죽어서도 윤 의사의 기세를 짓밟도록 묘지 통로와 쓰레기장에 암장했다.

윤 의사를 암장한 헌병 간부들은 보병 7연대장이 보낸 명주 두 병을 마시면서, 무사히 끝난 것은 모두 부처님의 덕이라며 산 밑에 있는 작은 암자 야미모도료도(山李了道) 스님에게 분향하도록 했다. 이후 이곳은 일본군부의 뜻대로 육군 묘지를 방문하는 유족들이 윤 의사의 유해를 밟고 지나다니거나 성묘 후에 쓰레기를 버리는 곳이 되었다.

윤 의사 의기, 하늘을 치솟아 '성지'가 되다

하지만 어찌 이 만행을 하늘이 보고만 계시겠는가? 또 어찌 하늘을 찌르는 윤 의사의 의기(義氣)가 일본인들에 의해 짓밟히겠는가. 윤 의사의 유해가 발굴되기까지 윤

1946년 3월 윤봉길 의사 유골 수색 조사

윤봉길 의사의 암장 유해 현장(1946년 3월6일 유해 발굴)

암장지의 유시비(遺詩碑)

2018년 저자 이태복 월진회 13대 회장이 암장지 윤봉길 의사 순국 기념비 앞에서
술잔을 올리고 있는 모습

의사의 유해는 13년 동안 짓밟혔지만 2,000만 겨레의 독립과 해방을 간절히 염원하고 기꺼이 목숨을 던진 장렬한 의기를 내리누르지는 못했다.

일본인들의 치졸하고 더러운 암장은 후세에 각성제가 되고, 끊임없이 겨레의 불꽃이 타오르는 진앙지가 되었다. 그러기에 더욱 윤 의사의 삶은 우리 시대의 등불이 되고 겨레의 새벽별로 찬란하게 떠올랐다. 가나자와의 윤 의사 암장지 무덤터는 이제 한국인의 성지가 되었다.

성지로 조성될 수 있었던 것은 가나자와 일대에 살고 있던 재일동포들과 양심적인 일본인들의 헌신적인 노력에 힘입은 바 크다. 박동조, 박성조, 박인조 선생과 김진수 님, 장태화 님의 암장지 발굴과 조성사업, 그리고 가나자와 지역의 박현택 회장, 암장지를 영구임대할 수 있도록 행정적으로 지원해 준 야마데 전 가나자와 시장, 다무라 교수, 한자와 교수, 고 히라타 시의원, 모리모토 도의원, 모리 시의원, 야마모토 시의원, 전 후루카와 학산시의원, 야마구치 학산시의원 등 많은 분들의 열성적인 참여와 양심적 일본인의 마음이 합쳐져 서로 손을 굳세게 잡은 결과다. 윤봉길 의사를 통해 한·일 양국의 국민들은 서로 마음을 열고 하나가 되어가고 있는 것이다.

2장

홍커우(虹口) 공원 물통 폭탄 투척

왜 4월29일인가

4월29일은 일왕의 생일날인 천장절로, 일본은 국가 최대 경축일 행사를 치른다. 천장절 기념축전을 상하이 전투 전승열병행사로 거행한다면 더할 나위 없다. 해군육전대, 제3함대, 육군9사단, 혼성제24여단, 육군 2개 사단, 상하이 거류민 전원 참여로 진행되면 3만 명이 넘는 대규모의 경축 시위행사가 된다. 일본군 사령관 시라카와 대장의 상하이 파견군은 이런 행사 규모를 확정하고 4월 23일 『상하이일일신보』에 보도하도록 했다.

4월24일에도 교육칙어반포 경축행사를 이미 대대적으로 홍보하고, 상하이가 떠들썩하도록 성대하게 치렀다. 일본군의 의도는 분명했다. 이제 상하이는 중국이 자랑하는 '동양의 파리'가 아니라 천황 폐하의 일본 땅이 되었고, 일본인이 주인이라는 것이다. 이것이 4월24일에 이어 29일까지 대대적인 경축행사를 거행한 진정한 이유였다.

사실 4월24일에 여러 동지들•과 거사를 하기로 계획했지만 실행하지 못한 것은 이유필 선생이 광둥••에서 온 동지로부터 폭탄을 구하지 못했기 때문이었다. 그날 교육칙어반포 경축행사장에 가서 적들의 핵심 인사들이 줄지어 서 있는 것을 보면서 얼마나 땅을 치며 탄식했던가. 이 문제는 윤 의사의 거사와 관련된 여러 논란을 다룬 〈맺음말〉에서 이야기하기로 한다. 이 시기는 상하이 점령에 전격적으로 성공한 일본군부의 오만방자한

• 여러 동지가 누구인지는 분명하지 않다. 그러나 함께 생활한 김광이 집필한 『윤봉길전』에는 분명 여러 동지들과 협의했다고 기록돼 있고, 홍커우 공원 근처에 방을 구한 것도 이런 작업의 일부였다고 증언하고 있는 것으로 봐서 아주 구체성을 띤 거사였던 것으로 보인다. 저자 김광이 쓴 『윤봉길전』은 중국어로 씌어져 있었다는 한계 때문에 그동안 국내에 널리 알려져 있지 않았다. 그러나 윤 의사의 짧은 상하이 체류 기간에 오랜 시간 함께 생활한 유일한 사람으로, 윤 의사의 고국에서의 활동내용을 자세하게 기록했고, 윤 의사의 진면목을 알 수 있는 여러 사건의 기록이나 광복군 선전 부문 책임자였다는 점에서 자료로서의 가치가 높다. 김광의 본명은 고영선(高榮善)이고 황해도 해주고보 출신이다.

•• '광둥'은 당시 장제스 난징정부와 대립했던 중앙정부가 있는 곳이다. 대부분의 상하이 독립운동가들은 1927년 장제스의 상하이 쿠데타 당시에 조선인 독립운동가들도 학살한 장제스파와 손을 잡는 것을 꺼려했다. 그래서 도산 안창호를 비롯한 조중친선우호협회도 광둥의 중앙정부와 1주일에 한 번씩 회의를 열었다. 그런데 일본의 1932년 상하이 침략으로 인해 위기를 느낀 장제스와 광둥의 중앙정부는 일시적인 연합을 표방하게 된다.

자세가 넘쳐나고 있었다. 일본군은 자신들의 위용에 어느 누구도 도전할 자가 없다고 자신했다.

거사 직전, 네 편의 시를 쓰다

안공근* 동지의 말대로 폭탄 준비는 김구 선생에게 부탁하는 것이 현실적일 것 같았다. 김구 선생이 장제스와 관계를 맺고 있다는 것이 상하이 독립운동 진영의 중론이기 때문에, 폭탄을 구하는 데 문제는 없을 것 같았다. 문제는 폭탄의 성능이다. 이봉창 의거의 일왕 암살 사건처럼 되면 큰일이기 때문이다.

폭탄 입수가 늦어져 실행할 수 없었던, 4월24일 교육칙어반포식 거사 계획을 이루지 못한 윤봉길을 저녁 7시경 김구 선생이 찾아와 윤 의사의 결의를 확인했다.

4월26일 오전 9시에 윤봉길은 사해다관에서 김구 선

* 안공근(安恭根, 1889~1939)은 일제강점기의 독립운동가, 교육자이며 대한민국 임시정부의 외교관이자 한국독립당, 한인애국단의 핵심 단원으로 활동했다. 안창호의 권유로 상하이에 와서 여러 중요한 사건에 관여했다. 안중근·안정근의 동생이며 안태훈의 아들이다. 자금 문제와 형 안중근의 가족 이주 문제로 김구 추종 세력과 갈등하여 결별하던 중 암살되었다. 암살의 배후는 미궁이지만 김구 추종 세력이 저질렀다는 반김구 세력의 주장이 제기돼왔다.

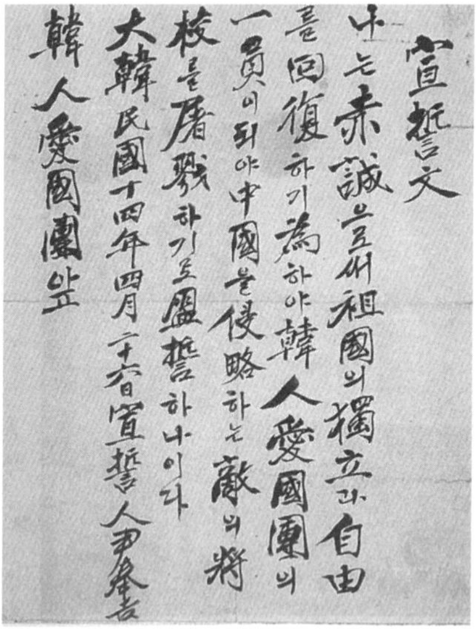

宣誓文

나는 赤誠으로써 祖國의 獨立과 自由를 回復하기 爲하야 韓人愛國團의 一員이 되야 中國을 侵略하는 敵의 將校를 屠戮하기로 盟誓하나이다

大韓民國 十四年 四月 二十六日 宣誓人 尹奉吉

韓人愛國團 앞

윤봉길 의사의 한인애국단 입단선서문[1](1932년 4월26일 작성)

선서문과 폭탄을 들고 있는 윤 의사(4월27일 안공근 동지의 집에서 촬영)

의거 성공을 다지는 윤봉길 의사와 김구 선생

생을 다시 만나 패륵로 신천상리(新天祥里) 20호의 안공근 집으로 가서 한인애국단 입단선서식을 했다. 사진 촬영은 날씨 때문에 4월27일 진행했고 장소도 거류민단 사무실이 아니라 안공근 동지의 집에서 했다. 홍커우 공원 열병식장을 사전 답사하고 동방공우(公寓)•로 돌아왔는데, 김구 선생이 찾아와 최후를 앞두고 경력과 감상 등을 써달라고 하여 평소 지니고 있던 수첩에다 '이력'[2]과 한시도 한 수 지어 김구 선생에게 건넸다.

• 공우는 옛날 사글세 여관을 말한다.

높고 높은 청산이여
만물을 품어 기르도다
울울창창한 소나무여
사시장철 변함없도다
맑고 깨끗한 봉황새여
천길이나 드높게 날아오르리라
온 세상이 모두 흐림이여
선생 홀로 맑아 있도다
늙을수록 더욱 건강하심이여
선생의 의기로다
참고 견디며 원수 갚기를 기다림이여
선생의 적성이로다

윤 의사는 자신이 역사의 제단에 몸을 던진 후, 험악한 세상에 내던져질 두 아들에게 한마디 유언을 하지 않을 수 없었다.

너희도 만일 피가 있고 뼈가 있다면
반드시 조선을 위해 용감한 투사가 되어라.
태극의 깃발 높이 드날리고

나의 빈 무덤 앞에 찾아와 한잔 술을 부어라
그리고 너희는 아비 없음을 슬퍼하지 말아라.
사랑하는 어머니가 있으니
어머니의 교양으로
성공자를 동서양 역사상 보건대
동양으로 문학가 맹자가 있고
서양으로 불란서 혁명가 나폴레옹이 있고
미국에 발명가 에디슨이 있다.
바라건대 너희 어머니는 그의 어머니가 되고
너희들은 그 사람이 되거라.

청년들에게도 시를 남겼다.

피 끓는 청년 제군들은 아는가.
무궁화 삼천리 우리 강산에
왜놈이 왜 와서 왜 걸대나
피 끓는 청년 제군들은 모르는가.
되놈 되와서 되 가는데
왜놈은 와서 왜 아니 가나
피 끓는 청년제군들은 잠자는가

동천에 서색은 점점 밝아오는데
조용한 아침이나 광풍이 일어날 듯
피 끓는 청년제군들아 준비하세
군복 입고 총 메고 칼 들어
군악나팔에 발맞추어 행진하세

또 4월27일 홍커우(虹口) 공원을 둘러보고 나서 '답청가'를 남겼다. 이 홍커우 공원 사전 점검에 이화림•(본명 이춘실)이 동행했다는 기록이 있다.

처처한 방초여
명년에 춘색이 일으거든
황손으로 더불어 갓치오게

청청한 방초여
명년 춘색이 일으거든

• 이화림은 1905년 평양 출신으로 유치원 선생으로 있다가 25세에 상하이에 망명했다. 이봉창 의거 때는 폭탄을 숨길 훈도시(일본의 성인 남성이 입는 전통 속옷)를 직접 만들어주었다고 한다. 이화림은 윤봉길 의거 후 광저우로 가 주산대학에서 법학과 의학을 공부하다 김원봉이 조직한 민족혁명당에 가입하고 군사조직인 조선의용대에 가입하여 태항산 전투에 참여하기도 했다.

고려강산에도 단녀가오

다정한 방초여
금년 4월29일에
방포일성으로 맹세하세

이렇듯 윤봉길은 한시를 비롯해 시 쓰기를 즐겼고, 많은 시를 남겼다.

'이남산'… 도산, 춘산 등과 같은 돌림자

만일의 사태에 대비하기 위해 계춘건의 집에서 나와 4월 27일과 28일 동방공우 여관에서 이틀 밤을 보냈다. 4월 28일, 윤봉길 의사는 숙박부에 '이남산'이라는 가명을 썼다.[3] 윤봉길 의사 추모사업 등에는 '매헌'이라는 아호가 쓰이고 있다. '매헌'은 오치서숙에서 스승 성주록이 지어 준 아호다. 그런데 윤 의사는 상하이 시절에 '매헌'이라는 호를 쓴 적이 없다. 대부분의 독립운동가들은 별도의 호를 갖고 있었는데, 숙박부에 '남산'이라는 기록을 남기고

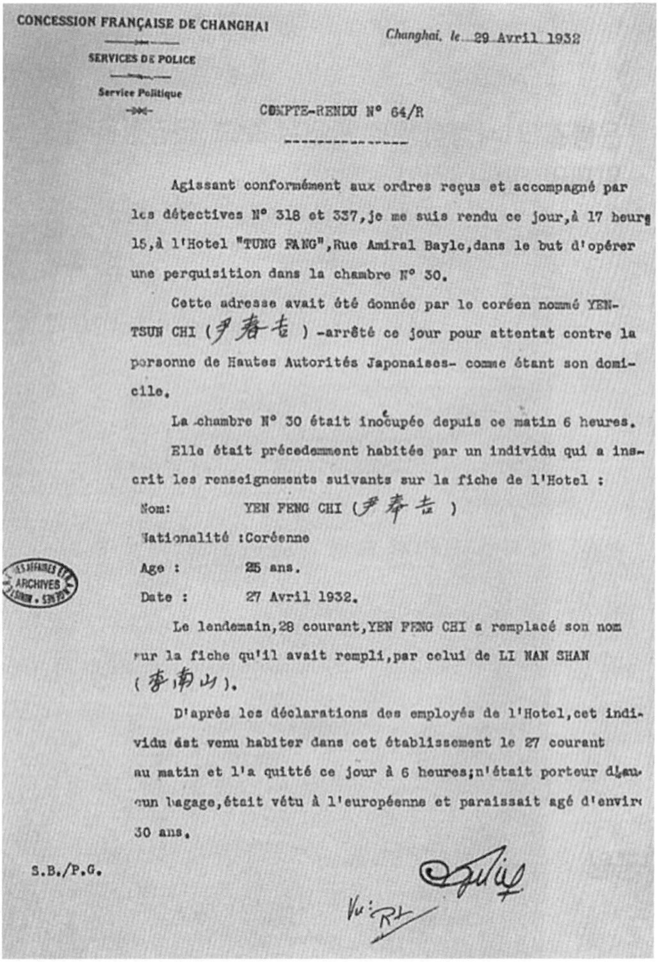

CONCESSION FRANÇAISE DE CHANGHAI

SERVICES DE POLICE

Service Politique

Changhai, le 29 Avril 1932

COMPTE-RENDU N° 64/R

Agissant conformément aux ordres reçus et accompagné par les détectives N° 318 et 337, je me suis rendu ce jour, à 17 heure 15, à l'Hotel "TUNG FANG", Rue Amiral Bayle, dans le but d'opérer une perquisition dans la chambre N° 30.

Cette adresse avait été donnée par le coréen nommé YEN-TSUN CHI (尹春吉) -arrêté ce jour pour attentat contre la personne de Hautes Autorités Japonaises- comme étant son domicile.

La chambre N° 30 était inoccupée depuis ce matin 6 heures.

Elle était précedemment habitée par un individu qui a inscrit les renseignements suivants sur la fiche de l'Hotel :

Nom: YEN FENG CHI (尹奉吉)

Nationalité :Coréenne

Age : 25 ans.

Date : 27 Avril 1932.

Le lendemain, 28 courant, YEN FENG CHI a remplacé son nom sur la fiche qu'il avait rempli, par celui de LI NAN SHAN (李南山).

D'après les déclarations des employés de l'Hotel, cet individu ést venu habiter dans cet établissement le 27 courant au matin et l'a quitté ce jour à 6 heures; n'était porteur d'aucun bagage, était vétu à l'européenne et paraissait agé d'envir[on] 30 ans.

S.B./P.G.

Vu: RL

프랑스 조계 경찰이 윤봉길 의사가 묵었던 동방공우를 수색해 작성한 보고서.
윤 의사가 숙박부에 4월27일 윤봉길이라 기록한 명부의 이름을
4월28일 '李南山(이남산)'으로 교체했다.

김홍일(중국명: 왕웅) 장군. 폭탄 제조 책임자.

있는 점을 볼 때, 윤 의사가 '남산'이라는 호를 쓴 것으로 보인다. 한 가지 흥미로운 점은 그간 밀접한 관계를 맺고 있던 춘산 이유필, 도산 안창호 등과 같은 '~산'이라는 돌림자를 썼다는 점이다.

4월28일에는 기독청년회관에서 김구 선생과 점심 식사를 하고, 오후 홍커우 공원에서 관병식 연습을 관찰하며 차량, 착석 장소 등을 파악했다. 4월28일 사전 답사에는 폭탄을 제조한 김홍일도 함께했고, 거사 시간도 1부 행사가 끝나 어수선해지는 시간으로 정했다. 김홍일은 '왕웅'이라는 중국명으로 당시 장제스 군대에서 중령 계급으로 근무했고, 중국군 폭탄 제조 등의 책임자였다. 저

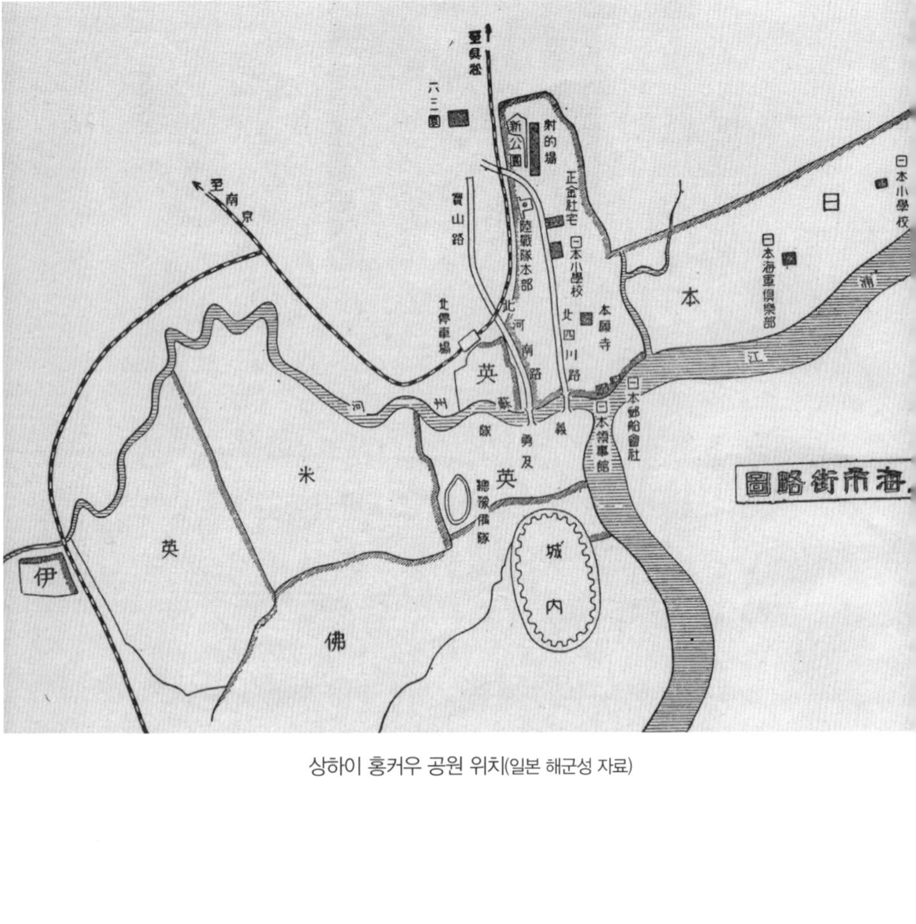

상하이 홍커우 공원 위치(일본 해군성 자료)

녁에는 김구와 함께 외출하여 김해산이라는 교포 집에서 다음 날 던질 폭탄에 대해 설명을 들었다.

윤 의사는 4월29일 아침, 김해산의 집에서 식사를 했다. 김구 선생이 동삼성으로 보내는 사람이니 식사를 준비해달라고 부탁을 해서 식사는 제법 푸짐했다. 그것이 마지막 식사였다.

식사를 마친 뒤 떠나기 전에 윤봉길 의사는 자신의 6만 원짜리 시계를 김구 선생의 2만 원짜리 시계와 바꾸어 찼다. 김구로부터 폭탄 두 개와 일장기를 받아들고 집 밖에 나가 아침 일곱 시에 동지들과 헤어져 황푸강가를 따라 걷다가 택시를 탔다.

식장 왼쪽 뒤편 20미터 지점에 자리를 잡다

윤 의사는 차 안에서 일본식 보자기에 싼 도시락 폭탄을 손에 들고, 일본식 보자기에 싼 물통 폭탄은 어깨에 맸다.[4] 공원 안팎에는 탱크, 비행기, 대포, 기관총 등의 무기를 전시해 위압적인 분위기를 조성한 무장군경들이 걷거나 말을 타고 물 샐 틈이 없이 경계하고 있었다. 윤 의사가 7시50분에 공원에 도착해 안으로 들어가려 하자 헌병들이 노려보았다. 그러나 윤 의사는 그때 유행하던 양복과 스프링코트를 입은 점잖은 신사 차림이었고, 능숙하게 일어로 인사하면서 태연하게 걸어갔다. 현장 진입에 성공한 것이다.

홍커우 공원 안에는 이미 관병식이 끝나고 군민합동 축하의식이 진행되고 있었다. 단상에는 오른쪽부터 무라이 구라마쓰(村井) 총영사, 우에다 겐키치 사단장, 시라카와 요시노리 대장, 노무라 기치사부로 해군 사령관, 시게미츠 마모루 공사, 가와바타 사다지 일본인 거류민단 행정위원장, 도모노 모리(友野) 민단서기장의 순으로 일곱 명이 일렬로 서 있었다.

단의 난간은 홍백의 천으로, 단의 둘레도 같은 색으로 둘러쳐져 있었다. 일본 해군기와 육군기도 걸렸다. 군중들이 식장을 향해 몰려들어 단 뒤편의 연못까지 군중이 꽉 찼다. 식단의 전면에는 일본군 장교들이 도열하고 중앙부에는 재향군인회, 의용소방대, 소학교 학생들이 서 있었다. 군악대의 주악이 끝난 뒤 윤 의사는 식장의 왼쪽 뒤편에서 식단까지 20미터 떨어진 곳에 자리 잡았다.[5]

성공이다! "조선 독립 만세"

시라카와 대장을 비롯한 총영사 등 핵심 인사들의 연설이 이어졌다. 10시30분부터 열병식이 진행됐다. 차량부대의 분열을 마치고, 보병부대의 행진이 이어졌다. 공중에서는 상하이 시내를 쑥대밭으로 만든 18대의 비행기가 곡예 비행을 했다. 11시20분경 열병식이 끝나고 축하식이 시작됐다.

일동이 일본 국가인 기미가요를 합창할 때 비가 조금씩 내리기 시작했다. 군중들이 조금씩 움직이며 기미가요의 마지막 구절을 부르는 찰나 윤 의사가 좌우로 두세 명의 어깨를 밀치면서 4~5미터 앞으로 나가 힘껏 물통 폭탄을 던졌다. 왼쪽 단상에 조그마한 물통이 굴러갔다. 시라카와 대장 앞에서 담배 연기 같은 것이 뿜어 나오는 순간 곧바로 천지를 진동하는 장렬한 폭발음이 났다. 4월 29일 12시 직전인 11시 40분이었다.

윤봉길 의사는 물통 폭탄이 시라카와 발아래에서 터지는 것을 보고, 본능적으로 적중한 것을 알았다. '성공이다!' 재빨리 "조선 독립 만세"를 외치고, 땅에 놓았던 도시락 폭탄을 다시 집어 들기 위해 몸을 돌리는 순간에 주

의거 직후 연행되어 가는 윤봉길 의사(오사카아사히신문 1932년 5월1일 호외)

변 일본인들과 헌병, 경찰에 붙잡혔다. 그들은 윤 의사를 마구 걷어차고 발길질을 해댔다. 윤 의사의 도시락 폭탄 투척을 막은 자들은 육전대 지휘관 호위병 고모토 다케히코 일등병조와 헌병들이었다. 이들의 구타와 폭행으로 윤 의사는 잠시 의식을 잃었으나 곧 회복했고, 머리부터 허리까지 선혈이 낭자했다. 헌병들에게 인도된 윤 의사는 태연하게 냉소를 띤 채 공원 앞의 파견대에 구금됐다. 윤 의사의 물통 폭탄 한 발로 상하이 일본 편성군 사령부는 쑥대밭이 됐다.

'1인 거사'로 일군지휘부 척살하다

시라카와 대장은 몸에 무려 24개의 파편상을 입고 중태에 빠져 5월26일 끝내 사망했다. 일본군에서 명성이 자자했던 시라카와 대장은 상하이 파견사령관으로 임명될 때 일왕에게 직접 신고할 정도로 군 내외에 신망이 높은 인물이었다. 9사단장 우에다 중장은 파편을 맞아 왼쪽 다리 네 개 발가락과 오른쪽 다리가 떨어져 나가는 중상을 입어 수술을 받고 나서야 간신히 생명을 유지했다. 해군 제3함대 사령관 노무라 중장은 오른쪽 눈과 오른쪽 가슴, 왼쪽 복부, 두 다리 모두 중상을 입어 한쪽 눈을 실명한 채 가까스로 살아났다. 상하이 주재 공사 시게미츠는 좌우 사지에 20여 개의 파편을 맞아 오른쪽 다리뼈가 부러져 수술했으나 절단했고 상처가 깊어 출혈로 몇 번 혼절했다가 친형에게 수혈받아 겨우 살았다. 불구가 된 그는 2차대전 종전협상 당시 일본정부를 대표하는 인사가 되었다. 상하이 일본 거류민단 행정위원장 가와바타(河端)는 폭탄 파편이 흉부를 뚫고 들어가 폐장을 관통하여 다음 날 사망했다.

이로써 4월29일 일왕 생일축하 전승행사는 윤 의사가

THE SHANGHAI BOMBING: CONTRASTS OF ONLY A FEW MINUTES

Americans of taste and intelligence

LMS

LONDON MIDLAND & SCOTTISH
RAILWAY OF GREAT BRITAIN

윤 의사의 의거를 다룬 해외 보도

던진 정의의 폭탄으로 산산조각 나고 말았다. 일제의 중국 점령은 상하이 파견사령부의 핵심 지도부가 모두 괴멸적 타격을 입으면서 일단 중지되었다. 일본군은 재빨리 중국군이 제안한 정전 협상을 받아들여 정전 선언 이후 전열을 정비하지 않으면 안 되었다. 윤봉길 의사의 상하이 폭탄 투척은 일본 침략군의 수뇌부를 척살한 영웅적 의거였을 뿐 아니라 일왕과 일본군 수뇌부, 조선과 중국에 진출해 있던 일본인들에게 이토 히로부미의 암살 못지않게 큰 충격을 주었다.•

윤 의사의 상하이 의거는 1인 거사로 안중근 의사의 이토 히로부미 사살에 못지않은 나라를 빼앗긴 이후 최대의 성과를 거둔 투쟁이었다.

나라와 겨레에 바치는 뜨거운 사랑

윤 의사의 4·29 상하이 의거는 어떤 예비조를 준비하

• 일본군부가 윤봉길 거사와 관련해 육군성이 편찬한 『만밀대일기』와 2·26사건 기록인 『검찰비록』에 윤 의사의 사형 관련 기록을 첨부한 것은 일본의 충격이 어느 정도였는지를 잘 보여준다.

거나 탈출로를 확보하지 않았다. 음독자살도 하지 않았다. 윤 의사는 '일층 강의한 사랑을 찾아 나의 강산과 부모를 버릴 결심'[6]으로 당당하게 역사의 무대에 정면으로 마주섰다.

사람은 왜 사느냐.
이상을 이루기 위해 산다.
이상이란 무엇이냐.
목적의 성공자이다.
보라! 풀은 꽃이 되고, 나무는 열매를 맺는다.
만물의 영장인 사람,
나도 이상의 꽃이 되고,
목적의 열매를 맺기를 다짐했다,
우리 청년시대에는 부모의 사랑보다
더 한층 강의한 사랑이 있는 것을 깨달았다.
나라와 겨레에 바치는 뜨거운 사랑이다.
나의 우로와 나의 강산과 나의 부모를 버리고라도
그 강의한 사랑을 따르기로 결심하여
이 길을 택했다.

윤봉길 의사는 우리시대는 부모의 사랑보다, 형제 사랑보다, 처자의 사랑보다도 일층 더 강의한 사랑이 있다고 인식하고 오로지 자신의 목숨을 담보로 강의한 사랑이 넘치는 태도로, 일군지휘부를 척살하려한 것이다. 그 결과는 100퍼센트 이상의 성과를 냈다.

거사를 성공시킨 주변 요인들

그동안 이봉창 의거를 비롯한 여러 시도에서 폭탄 성능을 발휘하지 못했던 것에 비해 윤봉길 의거에서는 폭탄 성능이 많이 좋아졌다. 윤봉길 의사의 목숨을 내던진 의지와 거사를 성공시키기 위해 노력한 모든 사람들의 노력이 합쳐져 정확한 지점에서 대폭발한 것이다. '조선 독립 만세' 소리는 일본군경들의 제압으로 잦아들었으나 어찌 총칼로 가로막겠는가.

윤봉길 의사가 거사에 사용한 폭탄은 일본군이 일왕의 생일축하연에 물병과 도시락 소지를 허용했기에 사제 형태의 폭탄으로 제조되었다. 참으로 일본군부가 만들어준 천재일우의 기회였다. 김구 선생은 상하이 서문

로에서 중국군으로 일하는 왕웅(한국인 김홍일)• 을 방문해 상하이 중국군 병공창장 송시비아오(宋式驫)에게 교섭했다. 어깨에 매는 물통과 도시락을 보낼 터이니 속에 장치•• 하여 3일 이내에 보내달라고 부탁했다. 왕웅이 돌아와 다음 날 오전에 병공창으로 가서 친히 폭발 성능을 시험하자고 했다.

이튿날 김구 선생은 기사 왕바이수(王伯修) 주도하에 물통과 도시락 폭탄을 20회 시험했더니 벽력 같은 소리가 나면서 파편이 비상하는 것이 일대장관이었다. 스무 개 전부 폭발하는 것을 보고, 아무 문제가 없다고 보았다. 이렇게 해서 다른 혁명투사들이 성공을 거두지 못했던 폭탄 문제가 말끔히 해결된 것이다. 여기에는 〈맺음말〉에서 논의하는 것처럼 중국 측의 제안과 배경이 작용하고 있었다.

• 중국군에서 복무했던 왕웅, 즉 김홍일은 해방 이후 한국군에서 장군이 되었다.

•• 물통과 도시락의 재질은 그 당시 상하이의 일반 상점에서 판매하던 알루미늄 소재의 생활용품이었다. 일제가 4·29 의거 이후에 상하이 시내의 상점에서 이 도시락을 판매한 개수를 조사한 결과, 여섯 개로 밝혀졌다.

3장

거사 성공 이후

헌병대 두세 차례 취조 후, 군법회의 조사 일곱 번 받다

거사 성공 이후에 윤 의사는 일본 최대의 국사범이 되어 홍커우 공원 헌병분대에 끌려가 1차로 열 시간 동안 취조를 받았다. 2차로 취조를 또 받고, 조서를 작성했다. 헌병대와 영사관이 협의하여 4월30일 윤 의사의 신병을 군법회의•에서 처리하기로 했다. 그래서 윤 의사는 30일에 양수푸에 있던 헌병대 본부의 군사령부 구치소에 수감되었다. 일본 헌병대는 두세 차례 취조 후에 5월2일 예심청구를 했다. 그 후 군법회의의 조사가 5월4일부터 18일까지 7회에 걸쳐 있었으며, 마침내 19일에 예심을 종

• 이 문제는 매우 의미심장하다. 테러에 따른 폭력 행사범을 다루는 형사 법정에 세우지 않고 민간인 신분인 윤봉길 의사를 군사법정에 세운 것이다.

헌병사령부에서 신문받을 당시 윤 의사(1932년 5월)

결하고 5월20일에 공소를 제기했다.

'이유필, 정화암 등 젊은 동지들과의 거사 모의'인가, '김구 단독 지시'인가

윤 의사는 4월29일 헌병파견대와 4월30일 헌병대 본부에서 육군헌병 대위로부터 두 차례에 걸쳐 취조를 받았다. 이때는 거사 모의를 이유필과 했다고 진술했고, 이 헌병대 진술을 둘러싸고 4·29 의거의 진상을 파악하려

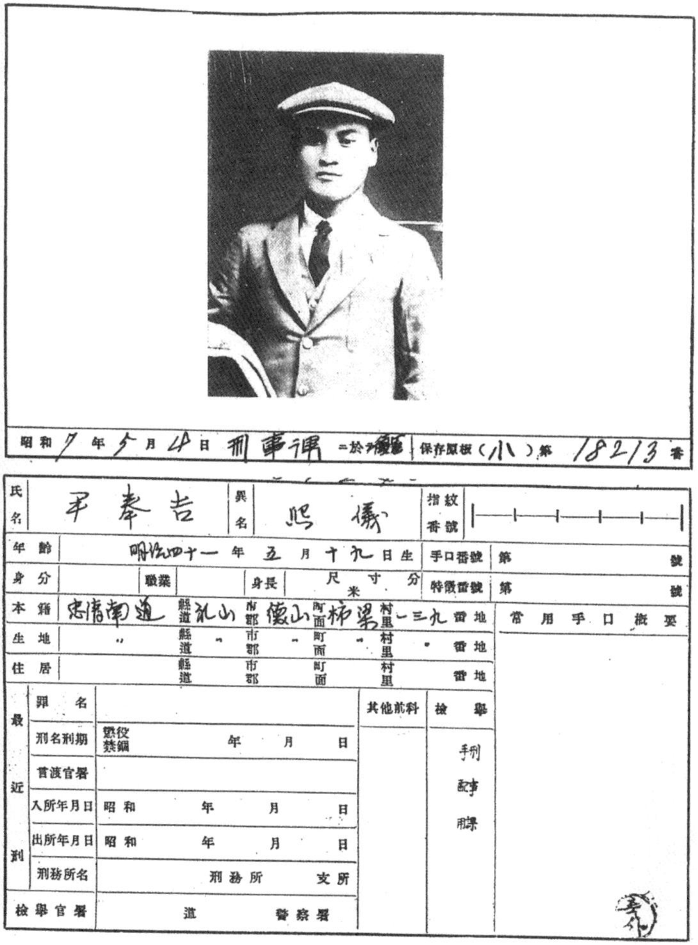
昭和 7 年 5 月 4 日 刑事課ニ於テ撮影 保存原板（小）第 18213 番

氏名 尹奉吉 異名 照儀 指紋番號

年齡 明治四十一年 五月 十九日生 手口番號 第 號

身分 職業 身長 尺 寸 分 米 特徴番號 第 號

本籍 忠淸南道 縣道 禮山 市郡 德山 町面 柿梁 村里 一三九 番地

生地 〃 縣道 〃 市郡 〃 町面 〃 村里 〃 番地

住居 縣道 市郡 町面 村里 番地

常用手口概要

最近刑

罪名

刑名刑期 懲役禁錮 年 月 日

言渡官署

入所年月日 昭和 年 月 日

出所年月日 昭和 年 月 日

刑務所名 刑務所 支所

其他前科

檢擧 刑事課

檢擧官署 道 警察署

윤봉길 옥중 신분장(1932년 5월)[1]

는 많은 노력이 진행됐다. 이 가운데, 윤 의사가 구금됐고 안창호 선생이 4월29일 잡혔으며• 6월3일 조선으로 압송되어 7일 도착한다. 이런 상황에서 5월10일, 김구 선생이 "단독으로 자신이 윤봉길에게 명령하여 거사를 진행했다"는 성명을 발표했다. 이에 따라 상하이 독립운동 진영 내에서 갈등이 증폭됐다.••

일부에서는 윤 의사가 1·2차 취조에서 이유필 관련설을 진술한 것은 김구 선생이 도피할 수 있는 시간을 벌기 위한 것[2]으로 간주하는 해석이 강했다. 하지만 이유필은 윤 의사가 존경하는 인물이었고, 한독당에 입당할 때 추천인이었으며, 사실관계 진술이 아주 구체적인 점으로 볼 때 이유필 관련설은 일정 부분 사실일 가능성이 높다. 또 김구의 성명 발표를 핵심 관여자인 안공근이 반대한 점, 윤 의사의 거사 계획은 김구 자신 외에는 아무도 몰랐다는 성명과 달리 임시정부에 4월26일 이미 보고했고, 안창호 모략 문건을 작성하고 배포한 김석의 배후에 김

• 안창호 선생에게는 4월29일 피하라는 메시지가 쪽지로 전달되어 마침 집에 없었던 안창호 선생은 이 쪽지를 보지 못했다. 하지만 김구의 쪽지와 관계없이 당일 거사 사실을 알고 있었던 안창호 선생이 거사 성공 여부를 물었다는 다수의 증언이 있다. 그리고 당시 프랑스의 조계지 안에 거주하고 있었던 안창호 선생은 합법적 활동으로 위장하고 있었기 때문에 관례상 문제가 있으면 프랑스 경찰이 상황을 알려주었다. 따라서 일경의 전격 체포는 이례적인 일이었다.

•• 이 문제는 <맺음말>에서 중점적으로 다루기로 한다.

이유필

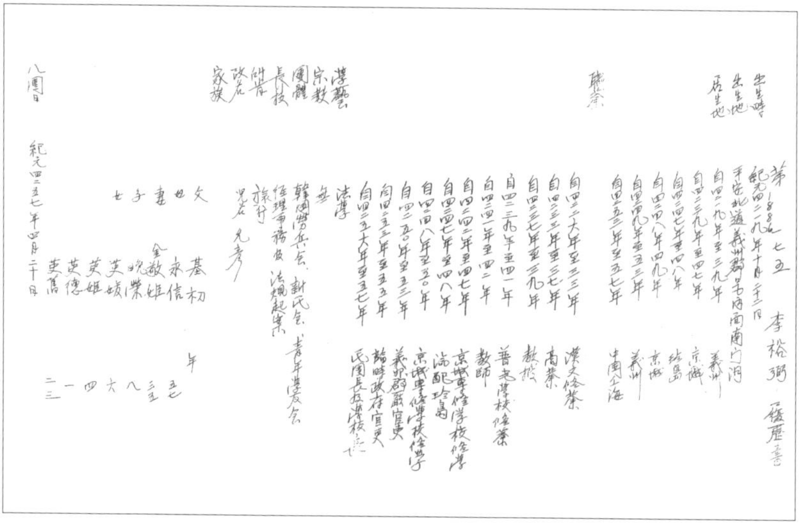

第一八八七五 李裕弼 履歷書

出生時 紀元四二一九年十月十二日
出生地 平安北道義州郡州內面南門洞
居生地
自四二一九年至三九年 義州
自四二三九年至四七年 京城
自四二四七年至四八年 綠島
自四二四八年至四九年 京城
自四二四九年至五三年 義州
自四二五三年至五七年 中國上海

職業
自四二二六年至三三年 漢文修業
自四二三三年至三七年 商業
自四二三七年至三九年 敎授
自四二三九年至四一年 普光學校修業
自四二四一年至四二年 敎師
自四二四二年至四七年 京城專修學校修學
自四二四七年至四八年 流配珍島
自四二四八年至五〇年 京城專修學校修學
自四二五〇年至五三年 義州郡廳官吏
自四二五三年至五五年 臨時政府官吏
自四二五六年至五七年 民團長兼學校校長

學藝 法學
宗敎 無
團體 韓國勞兵會、新民會、青年學友會
長技 整理事務及法規起案
所習 旅行
改名 允彥
家族 父 基初 年五七
母 永信 三五
妻 金敬姬 八
子 晩業 六
女 英娥 四
英姬 一
英德 二三
英舊

入團日 紀元四二五七年四月二十日

흥사단 단우명부에 기록된 이유필 이력서[3]

구 측근인 김철, 엄항섭, 이승만의 상하이 동지회 조소앙 등 세 사람이 있었으며, 그 책임을 물어 임시정부의 모든 직책에서 물러나고 동포들에게 사죄한다는 성명서[4]가 발표된 점 등으로 볼 때 검증해봐야 할 문제들이 많다.

특히 이 성명서 작성을 주도한 안공근은 윤봉길 거사의 핵심 인물인데, 안공근이 김구가 주도했다는 성명 발표를 부인했고, 김구 주도설을 퍼뜨린 세 명을 붙잡아 허위 사실 유포를 문제 삼았다는 것은 의미심장하다.

윤 의사가 '봄에 젊은 친구들과 협의했다'고 밝힌 점, 장기간 함께 동거했던 김광이 쓴 『윤봉길전』 기록, 그리고 중국 측이 안창호 선생에게 거사를 당부하고 자금을 제공했다는 주장 등도 규명해야 할 문제다. 이 내용은 〈맺음말〉에서 검토하기로 하자.

윤 의사의 1·2차 진술에 등장하고 윤 의사가 상하이에서 존경하는 인물로 언급한 인물, 그리고 윤 의사의 수첩에 자필로 기록된 이유필은 누구인가.

이유필(李裕弼)은 평북 의주 출신으로, 신민회에 가입해 105인 사건•으로 1년간 유배 생활을 했고, 1919년 신

• 1911년 조선 총독부가 신민회를 탄압하기 위해 조작한 사건.

의주 3·1운동을 주도했다. 상하이에 망명하여 임시정부 의정원 의원, 내무총장, 재무장, 교민단장을 지냈고 한독당을 창당해 총무이사를 맡았다. 신민회 시절부터 안창호의 측근이었다. 그런데 김구 측은 이유필이 일제에 의해 체포됐지만, 석방된 전력을 들어 '일제에 넘어간 자'라는 공격을 윤 의사 거사 이후에 집중했다. 하지만 이유필은 이후 다른 독립 사건에 연루되어 체포되고, 옥고를 치렀다. 일제의 반간지계(反間之計)였을 가능성이 높다.

윤 의사는 5월11일 4회 신문부터 김구와의 관련을 진술한다. 아마도 일본 헌병들이 김구 성명을 보여줘 진술을 번복한 것으로 보인다.

5월5일 정전협정

윤봉길 의사는 간략하게 헌병대의 취조에 진술했지만, 예심 과정에서 진행된 일곱 번에 이른 심문은 제법 많은 분량이었다.

예심 심문이 진행되던 5월5일에 일본군 상하이 사령부는 중국 측의 정전협정을 받아들여 일단 서명했다. 중국 측의 의도대로 된 것이다. 이렇듯 정전협정에 공을 들였던 중국 측으로서는 일본군에 직접 타격을 가할 수 없는 입장이기 때문에 조중친선협회를 이끌고 있던 안창호 선생을 통해 일본군에 타격을 가해줄 수 없느냐는 요구를 전달하고 있었다. 거사도 성공해 일본군에 타격을 주었고, 정전협정까지 이루어졌으니 중국 측으로서는 둘다 얻은 셈이 됐다.

한편 일본군부는 쑥대밭이 된 지휘부를 정비하고, 남서 방면 공략 작전을 가다듬을 필요가 생겼다.

이런 정전협정 등 외부의 변화를 모른 채 취조에 답변할 수밖에 없는 처지의 윤 의사는 짤막하게 답변할 수밖에 없었다.

그런데 주목해야 할 사실이 있다. 일단 일본 측의 시각과 김구 성명에 따른 사실 규명에 초점을 맞춘다는 점을 염두에 두고 일본군 군법회의 예심 재판부가 작성한 심문조서를 살펴보자.

윤 의사는 5월8일 칭다오에서 기선을 타고 상하이에 왔으며 곧바로 상하이 교민단에 갔다. 그때 단장은 김구, 간사 김동우였고, 그곳에 전 단장인 이유필도 있었다. 윤 의사가 훌륭하다고 생각하는 인물들은 안창호, 김동우,

김구, 이유필, 조소앙 등이다.

> 문: 피고인이 훌륭하다고 생각하는 사람은 누구인가.
>
> 답: 안창호, 김동우, 김구, 이유필, 조소앙, 이춘산 등이다.•

윤 의사가 꼽은 첫 번째 인물은 안창호

윤 의사가 훌륭하다고 인정한 첫 번째 인물이 뜻밖에도 안창호 선생이다. 윤 의사는 안창호 선생과 상하이 생활에서 어떤 관계를 맺었기에 존경하는 인물로 가장 먼저 꼽은 것일까? 또 김구의 지시만으로 훙커우 공원 폭탄 투척 사건이 일어난 것이라면, 당연히 김구 선생을 최우선적으로 거론했을 텐데, 윤 의사는 안창호, 김동우 다음에 김구를 거론하고 뒤이어 이유필을 진술했다. 따라서 첫 진술에서 이유필과 모의했다고 진술한 것은 김구의

• 이 진술이 있던 시점은 김구 선생이 '4·29 거사는 자신의 기획'이라고 발표한 성명이 나간 후다. 윤 의사도 김구 관련 진술을 쏟아내고 이유필 공모 진술을 뒤집었다. 이런 상황에서도 윤 의사는 훌륭하다고 생각하는 사람들을 위와 같이 열거하고 있다.

도피를 돕기 위해 시간을 벌기 위한 교란 진술이 아니라 다른 배경이 작용했다고 보는 것이 합리적이다. 이 쟁점은 추후에 따져보기로 한다. 마지막으로 조소앙, 이춘산을 들었다.

특히 자신이 존경하는 인물이 도피할 시간을 벌기 위해 다른 존경하는 인물을 죽을 자리에 밀어내는 짓은, 말 못할 결정적 배신 사례가 없는 한 상식에 어긋난다. 윤 의사가 이유필을 죽을 자리에 내세울 필요가 어디 있는가. 오히려 윤 의사는 상하이 생활 내내 안창호, 이유필을 비롯한 김광, 계춘건, 최석순, 박창세 등 안창호의 흥사단 원동위원부 사람들과 깊은 관계를 맺고 있었다. 상하이 생활 1년 동안 김광과 열 달 정도를 한 방•을 쓰며 생활했고, 같은 건물에 있었던 임득산, 계춘건, 최석순 등의 집에서도 숙식을 해결했다.

• 김광(본명 고영선)의 거주지 주소는 흥사단 단우 기록에 의하면 상하이시 하비로(霞飛路) 1014번지 27호로 되어 있다. 당시 상해 흥사단원 동임시위원부 건물로 쓰던 곳의 2층이며, 원동위원부는 29호였고 김광은 윤봉길과 27호를 같이 썼다.

상하이에 남아 있는 1930년대 흥사단 원동위원부 건물(©독립기념관)

폭탄 투척 목적은 조선인 각성과 세계에 조선의 독립 의지를 알리기 위함이다

윤 의사는 심문조서에서 계속 다음과 같이 이야기한다.

독립운동을 하게 된 동기는 조선에 일본인들이 와서 조선을 통치하는 것은 왜일까? 우리나라는 우리가 다스리는 것이 옳다고 생각했다. 조선에는 조선 고유의 문자, 언어, 풍속, 습관이 있는데, 어째서 일본에 복종하지 않으면 안 되는가? 다른 나라에 병합되어 있는 것은 조선인으로서 수치스러운 일이라는 생각을 갖게 되었다.

조선은 지금은 실력이 없어서 적극적으로 일본에 반항하여 독립하는 것이 불가능하지만 세계전쟁이라도 나면 세르비아, 폴란드처럼 조선도 독립할 수 있다고 생각한다. 한두 명의 상급군인을 죽여서 독립이 쉽게 될 것이라고는 생각하지 않는다. 이번의 폭탄 투척이 독립에 직접적인 효과는 없지만 조선인의 각성을 촉구하고 더 나아가 세계인에게 조선의 존재를 명료하게 알리기 위해서다.

여기서 윤 의사는 독립운동의 현실을 냉정하게 인정했다. 세계정세의 변화에 주목하면서 자신의 폭탄 투척의 목적도 분명하게 말하고 있다. 자신의 목숨을 던져 조국 독립이라는 대의를 찾았지만 지금은 실력이 없어서 적극적으로 독립하는 것이 불가능하다는 점도 인정했다. 엄연한 현실이니까! 그러면서 자신의 간절한 희망을 말한다. 조선인의 각성을 촉구하고, 세계인에게 조선의 존재를 뚜렷하게 각인시키기 위해서라고.

이번 행동은 같은 황색인인 일본이 세력을 믿고 조선을 침략하고, 더욱이 중국마저 침략하려는 것은 너무나 추악하다고 생각했고, 분개해서 침략의 선봉인 육군의 대표자를 살해하기에 이른 것이다. 이것이 내 행동의 이유이다.

이춘산도 그와 같이 말했다. 이춘산은 4월27일 밤에 찾아와 진실로 활동하고 싶다면, 일본군 지휘부인 시라카와 대장, 우에다 중장을 죽이는 게 어떻겠느냐고 했고, 처음에는 그런 사람을 죽이는 게 쓸데없다고 생각했지만, 위와 같은 생각이 들어 결행하기로 했다.

거사 직전인 4월 중순 경에 계춘건(桂春建)의 집에 있었다. 저녁 일곱 시 반경에 찾아온 사람이 있었는데, 김구였

안공근

다. 암살단이 있는데 고위층을 암살하는 것이 목적이다. 암살단에 들어가려면 사진을 찍어야 한다고 했고 헤어진 뒤 4월26일 오전 아홉 시경에 사해다관에 갔더니 김구가 기다리고 있어서 같이 '소재불명의 집'으로 갔다. 김구가 가지고 온 빨간 가방에서 한국 국기와 폭탄 한 개, 권총 한 정 및 선서문을 쓴 서양 종이를 나에게 주며 선서문 끝에 서명하라고 해서 선서문을 한 번 읽고 서명을 했다. 한국 국기를 배경으로 혼자 서 있는 사진을 한 장 찍고 김구의 뒤에 내가 서있는 모습도 찍었다. 김구는 동방공우 여관으로 숙소를 옮기고, 시라카와와 우에다의 사진을 주고 보자기를 하나 사두라고 말해서 그대로 했다.

여기서 '소재 불명의 집'은 안공근의 집이다.

한인애국단의 실질적인 운영자였던 안공근은 큰형 안중근의 삶을 따라 항일투쟁의 최전선에 서 있었다. 폭탄 준비를 위해 윤 의사를 김구와 연결한 사람도 안공근이었을 것이다. 선서문에 사인을 한 이날 4월26일 임시정부 간부들에게 4월29일 일왕 생일 축하식장에서 폭탄을 던지기로 한 사실이 보고됐다. 일부 임시정부 간부들은 일경의 탄압을 우려했으나 반대는 없었다.

윤 의사는 자신의 가정 형편과 관련해서 "논이 약 스무 마지기, 밭 약 네 마지기, 산림 1만여 평. 생활은 윤택하지 않지만 먹고 사는 데 지장은 없고 특별히 종교라고 할 것은 아니지만 대체로 불교라고 생각한다"고 했고, 즐겨 읽은 책으로는 『천자문』, 『동몽선습』, 『대학』, 『중용』, 『논어』, 『맹자』 등이라고 당당하고 간단명료하게 말했다.

5월25일 사형 판결 언도받다

1932년 5월18일 상하이 파견 군법회의 육군 녹사 예심관 육군법무관 하라켄지(原憲治)의 심문 요약은 윤 의사가 거사 동기와 준비 과정에 대해 간략하게 진술한 것으로, 일본군은 다음 날 예심을 종결하고 5월20일 공소를 제기했다. 곧이어 5월25일 육군재판부 검찰관 육군법무관 미요시(三好次太郎)가 간여심리를 수행하여 상하이 파견군 군법회의는 재판장 판사 육군공병 중좌 핫도리(服部曉太郎), 재판관 육군법무관 오츠카(大塚操) 판사, 육군치중병 대위 마치다(町田勇)가 사형 판결을 언도했다. 군법회의였기 때문에 변호사의 참여 없이, 또 단심으로 사형 언도가 진행됐다. 안중근 재판 때는 러시아, 영국 변호사와 안병찬 변호사가 무료 변론을 신청했으나 재판부는 이를 받아들이지 않았다. 일본인 관선 변호인은 미즈노 기타로(水野吉太郎), 가마타 세이지(鎌田政治)였으나 변론 활동이 여의치 않았다. 당시 형사 재판은 2심제로 운영됐으나 안중근 의사는 어머니 조마리아(조성녀)의 "목숨을 구걸하지 말라"는 편지를 받고 항소를 하지 않았다.

반면에 윤봉길 의사는 군사재판이어서 어떤 법정 투쟁도 할 수 없었고 일방적인 사형 판결로 끝이나고 말았다. 윤봉길 의사의 재판과 안중근 의사의 재판이 다르게 진행된 것은 안중근 의사는 형사재판을 받았고 윤봉길

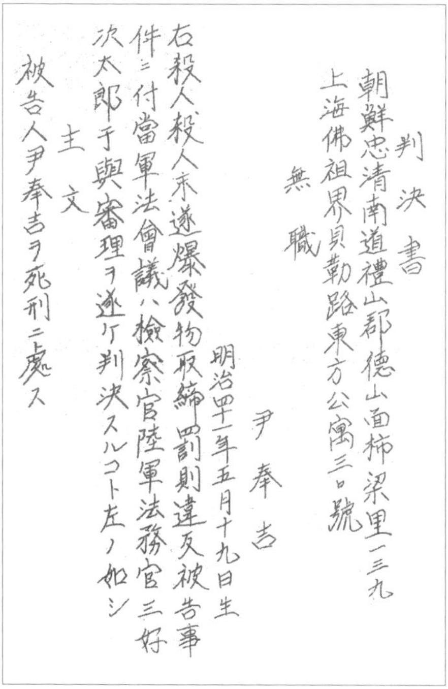
判決書
朝鮮忠清南道禮山郡徳山面柿梁里一三九
上海佛祖界貝勒路東方公寓三〇號
無職
尹奉吉
明治四十一年五月十九日生
右殺人殺人未遂爆發物取締罰則違反被告事件ニ付當軍法會議ハ檢察官陸軍法務官三好次太郎干與審理ヲ遂ケ判決スルコト左ノ如シ
主文
被告人尹奉吉ヲ死刑ニ處ス

윤 의사의 사형 판결문[5]

의사는 군사재판을 받았다는 점 때문이다.

판결서는 윤봉길의 본적, 상하이 주소로 프랑스 조계 패륵로 동방공우 30호로 기재하고, 이름과 출생 시기를 적고, "죄목은 살인과 살인미수, 그리고 폭발취제벌칙위반, 주문은 사형을 선고한다", 그리고 "가지고 있던 도시락 폭탄을 압수한다"로 되어 있다.

일본군법회의는 사형 판결의 이유로 첫째, 폭탄을 투척하기까지의 과정에서 살해를 모의했고 둘째, 폭탄 투척으로 시라카와를 비롯한 일본군과 영사 등 일본인들의 피해 상황 등을 들었다. 또한 폭발물단속법 제1조, 사람을 죽인 것은 형법 제199조, 신체상해는 형법 제204조에 해당하는 바, 수 개의 죄명에 해당하므로 살인죄의 형이 가장 무겁고 폭발물단속벌칙위반죄도 사형을 적용하여 피고인 윤봉길을 사형에 처한다고 판시했다.

사형 판결을 신속하게 처리한 일본 육군군부는 윤 의사의 처형을 바로 시행하기를 원했지만, 상하이총영사와 외무대신 등이 김구 체포 건 등으로 집행 연기를 요청해 늦춰졌다. 그러나 더 이상 기다릴 수 없다며 11월18일 고베항으로 출항해 처형 일정에 들어갔다.

4장

1차 상하이(上海) 전쟁과 만주국의 음모

일본 관동군의 중국 침략 전략

윤봉길 의사가 독립운동 본거지인 상하이에 독립군대에 들어가기 위해 왔지만, 임시정부에는 그런 군대 조직이 없었다. 남북 만주 지역에는 크고 작은 무장독립운동 조직이 활동하고 있었지만 상하이의 대다수 독립지사들은 생존에 허덕이면서 구체적인 전망을 갖고 있지 못했다. 그래서 윤 의사는 공장에서 일하면서 영어를 배워 세계정세를 읽고 지식을 쌓기 위해 도미 유학을 준비해왔다.

그러했던 윤 의사가 어떤 상황, 어떤 조건이 변했기에 '강의한 사랑'을 찾아 자신의 목숨을 내던진 것인가? 또 '나라와 겨레에 바친 뜨거운 사랑 노래'를 부르게 되었던가? 독립전쟁을 수행하겠다는 윤 의사의 결의를 촉발시킨 당시의 상황은 도대체 어떻게 돌아간 것인가. 왜 무엇이 젊은이를 폭탄 투척 열사로 만들었는가. 이를 파악하기 위해서는 상하이를 둘러싼 일본 관동군의 중국 침략 전략과 중국 측의 대응, 그리고 상하이를 거점으로 한 독립운동 각 진영의 움직임을 살펴봐야 한다.

윤 의사가 칭다오와 상하이에 있었던 1931~1932년 상황에서 가장 중요한 변수는 관동군과 제국 일본의 만주국 건설 움직임이다. 조선을 침략하고 어느 정도 식민지배의 기반을 다졌다고 판단한 일본은 쑨원(孫文)의 신해혁명 이후 혼란을 거듭하고 있는 중국에 대한 야욕을 숨기려 하지 않았다. 특히 동북3성•은 한족이 중심인 중원과 다르게 청의 주인이었던 만주족의 본거지이므로 일제는 갖가지 명목으로 군대를 주둔시켜 관동군이라는 거대한 군사력을 확고하게 뿌리내렸다. 만주의 지배자가 관동군이라는 사실을 부인하는 사람은 아무도 없었다.

그러나 일본 본토의 몇 배에 달하는 만주 지역을 관동군으로 장악하는 데는 한계가 있었다. 정치적, 경제적, 사회적 국가 체제를 만들어야 조금 더 확고하고 인정적인

• 중국 동북쪽에 있는 지린성(吉林省)·랴오닝성(遼寧省)·헤이룽장성(黑龍江省) 등 3성을 이르는 말.

지배 체제를 굳힐 수 있었다.

1932년 3월1일 만주국, 건국을 선언하다

1932년에 접어들면서 일본의 만주 점령은 단순한 군사 점령이 아니라 '만주국 건설'로 구체화되고 있었다. 만주사변과 만주국 조사를 위해 조직한 국제연맹 중일분쟁조사위원회인 리튼 조사단이 도착하기 전에 1월3일 산둥성의 진저우(錦州)를 점령한 관동군은 만주국 건설을 기정사실화하고자 했다. 관동군 사령관 혼조(本庄繁)는 1월4일 만주국 구성안을 일본 이누카이(犬養毅) 내각에 보고토록 했다.

> 1. 중앙집권제를 바탕으로 수뇌자는 대통령의 이름을 붙여 복벽을 꾀한다. 수뇌자는 푸이(溥儀)•로 한다.

• 푸이는 1908년 세 살의 나이로 제위에 올라 아버지 순친왕 재풍의 섭정을 받으며 3년간 황제로 있었다. 1911년 신해혁명이 일어나면서 이듬해인 1912년 2월12일 제위에서 물러났다. 그 후 푸이는 베이징에 있는 궁전에서 계속 살도록 허용되었으나 1924년 몰래 베이징을 떠나 톈진에 있는 일본인 조계로 거주지를 옮기고, 1932년 3월 일본의 괴뢰국인 만주국의 집정관이 되고, 1934년 만주국 황제로 추대되었다. 1945년 8월 소련에 포로로 억류되었다가 1950년 전범재판을 받기 위해 중국으로 송환되었고, 1967년 베이징에서 신장암과 심장병으로 사망했다.

만주국 지도

청 제국의 마지막 12대 황제이자, 만주국의 집정관 푸이

2. 시기는 2월 중순으로 하고, 늦어도 국제연맹 파견조사단 도착 전에 건국한다.

3. 수도는 창춘.

4. 중앙정부는 참의부를 두어 참의를 만주인, 몽고인 각 1명, 일본인과 중국인을 각 4명으로 하고

5. 중앙정부의 관할 지구는 펑톈성(봉천성), 랴오닝성(요령성), 지린성(길림성), 헤이룽장성(흑룡강성), 리허성(열하성), 몽고성으로 한다.

1월6일에는 외무성 과장과 육군, 해군의 간부들은 지나(支那; 中國) 문제 처리 방침 요강을 결정하여 관동군 사령관 참모 이타가키 세이시로(板垣征四郎)와 합의했다. 곧이어 1월12일에는 일본내각의 각의에서 '만몽(滿蒙)문제 처리 요강'을 의결했다. 이후 이 요강은 중국 침략의 기본이 되었다.

기본 방침으로 만·몽의 정치, 경제, 국방, 교통, 통신 등 제반 사항을 일본 제국주의의 휘하에 두고 제국 존립의 중요 요소라고 강조하면서 다음과 같이 정했다.

1. 만주의 새로운 정치기구에는 일본인을 고문, 기타의

형식으로 참여한다.

2. 만주에 대한 정책 수행은 당분간 군에서 행한다.

3. 국제연맹 및 여러 외국의 간섭을 단호히 배격한다.

1월7일에는 관동군에 항복하여 전향한 거물 장징후이(張景惠)를 주석으로 앉혀 헤이룽장성의 안정을 꾀했다. 관동군은 이타가키 세이시로 그룹으로부터 사실상 만주국 건설에 대한 동의를 받았기 때문에 동북행정위원회에 관동군의 하수인이 된 구군벌이나 지방의 호족을 끌어들여 만주국의 기초를 다지는 작업에 주력했다. 반면에 관동군은 항일선언을 발표하여 저항하고 있는 지린(길림) 의용군 이두(李杜), 정초(丁超) 등의 저항에 부딪혔지만, 큰 세력은 아니었다. 일제는 2월6일에 하얼빈을 점령하고 개국촉진 시위운동을 조직해 반일운동을 금지했다.

2월16일 장식의(랴오닝성 주석), 시차(희흡, 지린성 주석), 장징후이(헤이룽장성 주석), 마점산을 센양(瀋陽)에 모아, 2월18일 동북행정위원회를 정식으로 설립하고 위원회의 이름으로 동북의 독립을 선언했다. 신국가는 '만주국'이라 칭하고, 국기는 신5색기(新五色旗), 연호는 대동(大同), 만주국의 정체(政體)를 공화제로 발표했으나 푸이와 측근들이 반대했다. '신국가는 공화제를 취하나, 푸이를 집정의 이름으로 원수(元首)로 한다'고 했지만, 푸이 측의 반발에 '10년 이내에 제국(帝國)으로 바꾸고 푸이는 외부에서 집정으로 호칭하지만, 중국에서는 황제라 호칭한다' 등의 비밀 협약을 체결했다.

이렇게 해서 3월1일에 만주국 건국선언이 발표되고 다롄(大連)의 독일 조차지에 피신해있던 푸이를 뤼순(旅順)에 불러 집정 취임을 요청했다. 푸이는 3월6일 아침 뤼순에서 급행열차를 타고 센양으로 출발하여 탕강즈(湯崗子)역에서 관동군 사령관 혼조의 참모 이타가키 세이시로를 만났다. '푸이-혼조 교환' 공문에는 치안 및 국방은 전면적으로 관동군에게 위임하고 일본인의 해임·추천·선임은 혼조의 동의하에 행한다는 표현이 있었는데 이는 만주국이 일본의 괴뢰국가라는 본색을 드러낸 것이다.

3월9일에 푸이의 집정 취임식이 거행돼 창춘을 신징(新京)으로 개칭한 시정공서대례장이 있었다. 이에 대해 중국의 국민정부는 3월12일 푸이의 만주국은 반란 기관이며, 중국으로서는 절대 용납하지 않을 것을 천명했다. 청의 마지막 황제 푸이를 내세워 만주 지역의 원래 주인이었던 만주국을 건설하는 외형을 취했으나 실권은 일본인과 관동군이 갖고 있어 괴뢰국가에 지나지 않았다.

유명무실한 국제연맹 조사

반면 국제연맹은 이사회 결의에 의하여 리튼을 단장으로 하는 조사단을 파견했다. 2월29일 도쿄에 도착한 조사단은 9일간 체류하며 일왕을 포함한 일본의 요인과 명승지 등을 방문하는 등 활동했다. 일본내각은 리튼 조사단을 극진히 환대해 국제여론의 악화를 방지하고자 했다. 3월14일에는 상하이에서 1·28항전•에 대한 조사 활동을 벌인 후 3월26일에 난징에 도착했다. 군사위원장 장제스는 3월30일에 리튼 위원장을 면접하고 4월10일 리튼 일행은 베이핑(北平)에서 장쉐량(張學良)과 회견한 후 4월21일 선양(沈阳)에 도착했다.

• 1·28항전은 상하이 전쟁의 시발이 된 일본의 음모에서 비롯되었다. 1월18일에 일본인 승려 5명이 일제가 고용한 중국 군중에 구타를 당하자 1월20일에 일본인들이 항의 시위를 하고 중국인 1명이 살해되는 등 충돌이 일어났다. 사건이 상하이 시민들의 반일운동으로 번지자 중국이 계엄령과 비상 사태를 선포했다. 1월27일 일본은 30척의 군함과 40기의 전투기를 동원하고 7,000명의 병력을 상하이 만에 집결시켰다. 이렇게 되자 외국 조계 지역 방어를 위해 외국군인들이 배치됐고 중국도 차이팅카이를 사령관으로 하는 19로군 3,300명이 있었다. 결국 1월28일에 양국이 충돌하여 제1차 상하이 전쟁이 발발하게 된다.

상하이에 도착한 리튼 조사단 일행

윤 의사가 칭다오에서 상하이에 도착한 시기 전후에 벌어지고 있었던 일본의 중국 침략 움직임은 국제연맹의 리튼 조사단 정도의 제재로는 어림도 없었다. 오족협화(五族協和)•의 깃발로 대륙 점령을 개시한 관동군은 1차로 동북3성을 영구히 지배하기 위해 만주국가를 세워 지지 기반을 다지고 있었다.

푸이는 황제의 용포를 입고 즉위식에 참여하고자 했으나 일본 관동군은 일본황제가 부여한 '만주국육해군대

• 오족은 일본인·중국인·만주인·몽고인·조선인을 가리킨다.

총수'의 정장을 입도록 했다. 이런 일본의 입장은 대내외적으로 만주국의 푸이는 청국황제가 아니라 일본의 통치하에 있는 꼭두각시라는 점을 공표한 것이었다.

국제 시선을 상하이로 돌리려는 음모

한편 진저우(錦州) 전투를 통해 펑위샹(馮玉祥)의 점령지역을 침공한 일본군은 만리장성 전 지역을 점거할 태세로 공세를 취하면서 갑자기 훨씬 이남인 상하이 침공을 개시했다. 만주국에 집중된 국제적 시선을 국제연맹의 영·독·불 등 이해관계가 걸린 국제 도시 상하이로 돌려놓자는 계략이었다. 그러는 사이에 일단 만주국을 만들자는 속셈이었다.

윤 의사가 상하이에 도착한 뒤에 보았던 광경은 1931년 10월11일 상하이 일본거류민대회, 양쯔강 유역 일본인연합대회 등 각종의 일본인 궐기대회가 열려 중국 성토가 요란했다. 또한 중국인들의 항일집회가 매일같이 열렸다. 이런 분위기를 이용해 관동군은 만주국 창건에 따른 국제사회의 여론 악화를 막기 위해 상하이로 대담하게 이목을 돌릴 필요가 있음을 명확히 인식했다.

관동군 사령부 참모 이타가키 세이시로는 상하이 주재 공사관의 육군무관 다나카 류키치(田中隆吉) 소좌와 봉천특무기관의 하나야 타다시(花谷正) 소좌를 불러 중국 정세와 관동군의 향후 전략을 논의했다. 이타가키 세이시로는 공작비로 상하이 무관 다나카에게 2만 엔을 지급하고 사업 추진을 지원하기 위해 센다(博井盛壽) 대위를 파견했다. 또 상하이의 일본 섬유회사에서 다시 10만 엔을 조달해 공작자금으로 쓰도록 했다. 가와시마 요시코(川島芳子)라는 여성 스파이를 이용해서 일본인 살해 사건을 일으키고 이에 중국인들이 격분해서 일본인들을 습격하면 일본군이 나선다는 시나리오였다.

이봉창 의사의 일왕 저격 사건을 다룬 중국 신문 논조 쟁점화

1932년 1월8일 이봉창 의사의 일왕 저격 사건이 일어났다. 이봉창 의사가 1월8일 일왕의 관병식이 열리는 사쿠라다문(櫻田門) 앞에서 기다리고 있다가 일왕을 향해

이봉창 의사

수류탄을 던졌다. 거리가 너무 멀었고, 수류탄의 위력이 떨어져 일왕을 폭살하지 못했다. 현장에서 체포된 이봉창 의사는 체포된 지 9개월 이후에 예심도 없이 9월30일 비공개 재판에서 사형을 언도받고 10월10일 사형당했다.

이봉창 의사의 일왕 폭탄 투척 사건은 비록 일왕을 폭살하지는 못했으나 중국 내외에 큰 반향을 불러왔다. 만보산사건(萬寶山事件)• 으로 조선인에 대한 악화된 감정이 이 사건으로 조금씩 호전되고, '불행 중 다행'이라고 표현

• 1931년 7월 2일 중국 지린성 창춘현 만보산 지역에서 일제의 술책으로 조선인 농민과 중국인 농민이 벌인 유혈사태

한 중국 신문의 논조는 일본 측의 격렬한 항의로 정간 및 폐쇄 사태를 불러오기도 했다.

1월9일 상하이 『민국일보』는 이봉창 의사의 의거에 대해 '불행하게도 수행 차의 폭발에 그쳤다'고 보도하고, 현장에서 체포됐다는 기사를 실었다.• 일본인들은 천황의 피격 사실이 '불행하게도'란 무슨 말이냐며 떠들고 흥분했다. 일본인들은 상하이 시장 우티에청(吳鐵城)에 항의했다. 우티에청 시장은 그 기사를 취소시키고 사태를 수습하는 방안을 세웠으나 관동군 공작조는 이 사태를 핑계로 일본인 살해 사건을 일으켰다.

상하이 시장 우티에청의 사태 수습, 즉 『민국일보』의 기사 취소와 수습 안이 제시됐으나 일본 측은 이를 무시하고 실력 행동을 선언했다. 짜인 각본 대로였다.

1차 상하이 전쟁

1월28일 황푸강(黃浦江)에 머물던 일본해군의 육전대

• '불행 중 다행'이라는 제목의 기사는 사실 중립적인 제목인데도 신성불가침의 천황에게 폭탄을 던졌지만 실패한 사건을 어떻게 불행 중 다행이라고 하느냐는 것이 일본인들의 정서였다.

600명이 상륙하여 자베이(閘北)의 중국 관할 지구와 공동 조계 경계 주변에 배치하여 전쟁 준비에 들어갔다. 이렇게 되자 정부와 공안국은 상하이시를 전쟁 위협으로부터 지키기 위해 일본 측이 제시한 사죄와 배상 요구를 전부 수용한다고 발표했다. 동시에 모든 항일단체의 해산을 명령하고 경찰이 봉쇄했다.

우티에청 시장은 무라이 총영사가 만족을 표시했으므로 사태가 일단락됐다고 판단했으나 1월28일 제1차 상하이 전쟁(일명 송호사변)이 터진 것이다. 우티에청 시장의 순진한 착각이었다. 상하이시 정부와 공안국은 11시25분경 일본 제1견 외 함대사령관 시오자와(監澤幸人)로부터 다음과 같은 공문을 받았다.

> 제국해군은 다수의 일본인이 거주하는 자베이 일대 치안 유지가 불안하므로 병력을 배치하여 치안에 임하고자 한다. 자베이 방면에 배치한 지나 군대의 적대 시설을 신속히 철수할 것을 요망함

그러나 30분 후인 11시50분 완전무장한 일본해군 육전대가 자베이 지역에 침입해왔다. 경찰을 공격하고 중

제1차 상하이 전투에서 방어진지에서 싸우는 국민군 19로군

국군에 사격을 가하면서 공세를 취했다. 일본해군 육전대는 개인화기는 물론 야포, 곡사포 등의 중화기와 장갑차 수십 대도 동원했다. 약 1,833명으로 구성된 육전대는 송호철도 천통암역, 보산로, 보흥로의 세 개 방면에서 공격했다.

이때 중국군은 19로군 지휘부가 상하이시의 서쪽 쩐루(真如)에 주둔했다. 19로군은 군장 차이팅카이(蔡廷鍇)의 지휘하에 있었다. 19로군은 장제스 군에 편성돼 있었지만, 군장과 장병들이 장제스의 친일반공 노선보다 중앙정부와 공산당의 항일구국 노선을 지지했다. 장제스는 재빠르게 3개 비행대대, 중포, 직할 2사단 제87, 제88사단으로 구성된 최정예 5군, 헌병연대, 세무경찰연대를 증원해서 19로군의 취약한 화력을 보강했다. 차이팅카이는 약 6,000명에 달하는 79사단 제6단에 격퇴 명령을 내려서 지형에 밝은 중국군에게 유리하게 전개되었다. 보흥로로 진입했던 육전대 장갑차는 중국 19로군이 던진 수류탄에 의해 파괴되었다.

전황이 이렇게 전개되자 일본해군은 1월29일 새벽 4시에 항공모함으로부터 20여 대의 함재기를 띄워 육전대를 지원했다. 자베이 지역에 조명탄과 폭탄이 난무하여 하루 종일 이 일대는 큰 불로 뒤덮였다.

1월29일에는 함재기에 의한 무차별 폭격으로 많은 중국 시민이 생명과 재산을 잃었다. 특히 중국 최대 출판사의 하나인 상무인서관(商務印書館)과 부설 동방도서관이 불타고 약탈당해 송·원시대의 도서 수십만 권과 4고전서 등이 훼손되거나 분실되었다. 일본군이 1주간에 걸쳐 트럭으로 타다 남은 책을 실어갔다고 할 정도다.

19로군은 세 개 사단 3만 명의 병력으로 상하이 외에 난징(南京) 방면의 방어도 담당하고 있었는데, 이에 따라 일부 부대를 난징 등에 잔류시키고 총지휘 장광나이(藏光鼐), 19로군 군장 차이팅카이, 송호경비사령 다이지(戴戟)

와 연명으로 철저한 항전의 결의를 천명했다. 이 사건 당시에 장제스는 쑨원과 왕자오밍(汪兆銘)의 압박으로 향리로 은퇴하고 난징에 와 있었으나 공직은 없었다.

1차 전쟁이 터진 이튿날인 1월29일 중앙정치회의는 장제스, 펑위샹(馮玉祥), 옌시산(閻錫山), 장쉐량(張學良) 4인을 군사위원에 임명하고 전시 체제에 돌입했다. 중국군은 3월18일 군사위원회 위원장 겸 참모총장에 장제스를 임명했다.[1]

장제스는 상하이에서 300리 간에 있는 국민정부를 허난성(河南省)의 고도 뤄양성(洛陽城)으로 이동시키고 최정예로 알려진 중앙경위군 제87사, 제88사, 2개 사단으로 5군을 편성, 상하이 전선에 투입하기로 했다.

2월21일부터 쉬저우(徐州)에서 군사회의를 소집하여 다섯 개 지구로 나누는 전국 방위 계획을 수립하고 총병력 240만 명으로 편성했다.

제1방위구 – 황허 이북

제2방위구 – 황허 이남, 양쯔강 이북

제3방위구 – 장쑤 남부, 저장, 푸젠

제4방위구 – 광둥, 쓰촨

예비구 – 쓰촨

제1방위구는 동북으로 진출해 일본군의 진출을 저지하고 상하이 증파를 견제하며 2월28일 상하이 방위에 나섰다. 그러나 각 지방의 군벌들은 작전 지역으로 이동하려 하지 않았다.

영국 측의 중재안

한편 상하이 시장 우티에청은 영·미 양국의 총영사에게 중재를 의뢰하여 1월29일 오후 8시부터 휴전에 들어갔다. 1월31일 재차 미·영 양국 총영사의 중재로 중·일 당사자 간 회담이 재개됐다. 상하이 주둔 영국군 사령관은 4개 항의 조정안을 제출했다.

1. 일본군은 조계 내로 철수
2. 그 후 중립국 군대가 주류
3. 중국 군대도 중립국 군대에서 일정 거리까지 후퇴
4. 사변의 해결은 외교 교섭으로 처리

그러나 일본 측은 이 중재안을 수락하지 않고, 잠정적인 3일 휴전안만 수용했다. 일본 측이 손쉽게 휴전안에 동의한 이유는 19로군의 저항이 강했고, 일본해군의 손실이 컸기 때문이다. 일본군 제1견외(遣外) 함대 사령관 시오자와(艶澤)는 일본 본국에 증원군을 요청했다. 이에 일본군은 1월30일 특별 육전대 1,000여 명을 상하이에 투입하고 2월2일에는 제3함대 사령관 노무라 중장을 새로 편성해 상하이로 증파했다. 이 함대는 이미 양쯔강 일대에 파견되었던 함정을 중심으로 총49척의 항모전함과 구축함을 지휘하에 두고 있었다. 기함 이즈모(出雲)는 6일 우쑹(吳淞)에 도착하고 육군도 2월5일 가나자와의 9사단을 비롯하여 제3·5·12 사단과 군위부대를 상하이 파견군으로 편성했다.

만주국 건국에 따른 세계의 이목을 가리기 위한 상하이 음모가 본격적인 남방 전투로 확대되고 있었다.

일본군은 2월2일 상하이 공격을 재개하여 2월4일에 상하이 시내는 불바다가 되었다. 집중포화와 소이탄 폭격은 상하이를 휩쓸었다. 그러나 2월 초순에 일본군의 반복 공격은 19로군의 치열한 항전 의지에 힘입어 실패했다.

일본육군의 주력 부대가 2월9~10일 히로시마(廣島)에서 출항해 2월16일에 상하이 자베이 전선에 배치되었다.

2월18일에 상하이 총영사 무라이는 상하이 시장에게, 9사단장 우에무라는 19로군 군장 차이팅카이에게 '중국 군대는 2월20일 오전 일곱 시까지 제1선에서 철수하고 오후 5시까지 조계에서 2킬로미터 이상 떨어진 지역까지 철수하라, 만약 이 조건이 수용되지 않으면 일본군대는 자유행동을 취한다'라는 통문을 전달했다.

장완(江灣), 우쑹 방면에서 일본군의 돌격에 중국군은 완강하게 저항하여 격퇴했다. 그러나 일본군은 10여 대 항공기의 엄호하에 전차 10여 대의 포격과 함포 사격을 퍼부었다. 2월22일 오전에는 최대의 전투가 벌어졌다. 일본군 주력의 집중포화를 받은 북방의 제527단의 제3대대가 포화와 공습에 의해 돌파당했다. 하지만 제524단이 주력군에 힘입어 일본군의 서진을 저지했다. 가장 화력이 좋은 제5군장 장쯔중(張治中)은 일본 함재기의 폭격을 교묘히 뚫고 북쪽 방위선에서 일본군 4,000여 명을 공격했다. 이 반격전에서 중국군이 승리했다.

2월25일 새벽에 전개된 일본군의 공격으로 가옥이 전부 파괴되고 도처에 시체가 뒹굴고 도랑을 가득 메웠다.

일본증원군 시라카와 사령관 상하이 전투에서 승리

다시 일본군은 각의를 열고 2개 사단의 증원군 파견을 결정하고 전 관동군 사령관을 지낸 시라카와를 사령관으로 제11사단, 제14사단으로 편성했다. 일본 편성군 사령관 시라카와는 2월29일 제11사단 선발대와 함께 사령부의 막료를 이끌고 중순양함을 타고 양쯔강에 들어왔고, 이들이 본격적인 작전을 개시한 것은 3월1일 새벽이다.

일본의 대함대는 함이 20여척, 정이 100척이었는데 제11사단의 1만 명의 증원 병력을 태우고 있었다. 항공기 80여 대도 옌안(延安) 중국군 진지를 폭격했다.

이 전투에서 시라카와 연합군이 승리했다. 중국군 19로군 지도부는 일본군 상륙부대에 대한 잘못된 정보에 의해 철수를 결정함으로써 제5군과의 협동이 이뤄지지 않아 제5군은 고립 상태에 빠져 큰 희생을 내며 싸움을 계속했다. 이튿날 19로군이 철수한 것을 알고 타이창(太仓)시의 안정진까지 후퇴하여 정전에 들어갔다. 일본 스파이들이 퍼트린 잘 못된 정보로 시라카와 연합군 제11, 14사단의 병력이 전부 상륙한 것으로 알았던 것이다. 실제 제14사단은 일본에서 출동 준비 중으로 출발하지도 않았다. 이 상하이 전투에서 중국군 사망자는 총4,067명, 부상자는 7,700여 명, 일반 시민도 1만1,000명이 사망했으며, 행방불명과 부상도 1만여 명, 가옥 손실도 1만 6,000호에 달했다.

국제연맹의 중·일 정전 결의와 일본의 지연책

한편, 3월4일 제네바의 국제연맹 총회에서 노르웨이, 멕시코 등이 무력침략 반대를 주장했고, 국제연맹은 공의로운 입장에서 폭력을 제재하라는 발언 등을 했다. 그리고 중·일 양국에게 두 가지 결의를 전달했다.

1. 상하이의 전투를 중지한다.
2. 중·일 및 관계각국이 협의하여 정전과 일본군 철군 방법을 결정한다.

정전회의는 3월14일부터 상하이의 영국 영사관에서 시작해 중국 대표는 외교부 차장 궈타이치(郭泰祺), 일본 대표는 주중공사 시게미츠, 기타 영·미·불의 각국 공사

1932년 5월5일, 상하이 전쟁 후속 처리를 위해 송호(淞滬) 정전협정 조인식에
출석한 중일(中日) 전권단

와 이탈리아 대변인이 참석했다. 중국은 회의 의제를 무조건적인 철수에 국한한다는 원칙을 제시하고 적대 행동의 확실한 정지와 일본군의 무조건적인 철수라는 원칙을 고수했다.

일본은 철수 문제에 일본 화폐 배척 문제를 넣으려 하거나 상하이 공동 조계의 확대 등을 끌어내는 조정안을 제시해서 각국을 자기편으로 만들려는 지연책을 썼다.

이런 상하이의 아수라장 같은 전쟁의 참상 속에서 독립전쟁의 꿈을 키우고 있었던 윤봉길 의사는 무슨 생각과 실천을 하고 있었을까? 하늘에서 비행기가 포탄을 퍼붓고 전차의 포격 소리가 밤낮 없이 울리고 함포 사격으로 가옥이 파괴되고 시체 더미가 도랑을 메우고 있는 상하이 전쟁의 한복판에서 윤봉길 의사의 가슴에는 무엇이 차올랐을까? 매일매일 앞으로 나아가는 사람이 되어야 한다고 월진회를 조직하여 활동하지 않았던가. 목숨을 던질 각오가 되어 있던 윤 의사가 상하이 전쟁을 통해 어떤 결의를 하였을까? 윤 의사는 마침내 결단을 내려 3월 중순에 김광의 거처를 나와 젊은 동지들과 비상한 계획을 세운다.

5장 윤봉길 의사, 상하이로 가다

칭다오 세탁소 노동 접고 1931년 5월 초 상하이에 도착하다

윤 의사는 독립운동 기관의 군대 조직에 들어가길 희망하여 칭다오(青島)의 세탁소 노동을 접고 1931년 5월 8일에 상하이에 도착했다.

일본 측의 진술조서에 4월3일로 기록된 것도 있으나 체포 직후여서 대강 진술한 것으로 보인다. 칭다오에서 출발한 날은 5월3일. 배를 타고 꿈에 그리던 상하이에 첫발을 내디뎠다. 1930년 3월6일 충남 예산의 삽교역에서 장부출가생불환(丈夫出家生不還)•을 다짐하며 독립운동의

• 대장부가 집을 떠나 뜻을 이루기 전에는 살아서 돌아오지 않는다.

본거지에 오기까지 14개월이나 걸렸다. 안창호, 김구, 이동녕 선생을 비롯한 쟁쟁한 독립운동의 거두들이 모여 있는 상하이가 아닌가.

윤 의사는 인력거를 타고 한인 교민단 사무소로 갔다. 일부 자료[1]에 상하이에 도착한 지 얼마 후에 교민단에 간 것으로 진술된 것도 있지만, 예심조서에 윤 의사가 직접 바로잡았기 때문에 도착 당일에 교민단을 방문한 것이 맞다. 그곳에는 뜻밖에도 1931년도 교민단의 단장인 김구와 총무 김동우,• 또 직전 단장인 이유필이 있었다. 김구와 이유필과의 만남을 교민단 사무실로 한 것은 그날 실제로 그곳에 있었거나 아니면 중간에 소개한 사람을 노출시키지 않기 위해 공개된 장소인 교민단 사무실을 거론한 것일 수도 있다.

상하이 독립운동가, 노선 차이로 40여 명으로 줄다

일부 자료에는 교민단의 총무가 김동우로 기록돼 있는데, 실제는 최석순일 가능성이 많다. 최석순의 가명이

• 최석순이 교민단 총무일을 계속 보았기 때문에 김동우가 가명이고, 최석순일 가능성이 높다.

김동우일 가능성도 있다. 교민단장은 이유필이 맡은 경우가 많고 총무는 최석순이 대개 맡았기 때문이다. 윤 의사의 일제 기관 진술에 최석순과 안공근에 관한 어떤 실마리도 남기지 않은 것은 매우 의미심장하다. 최석순은 임득산•과 함께 도산이 내무총장으로 조직한 중국 안둥 임시정부 요인이었다. 최석순은 평북 철산 출신으로 대한광복군 총영, 한국노병회 창립단, 경무국장, 교민단 총무, 의정원 부의장을 지낸 상하이 독립운동의 핵심 인물이었고, 이유필과 가까웠다. 도산 안창호 선생이 국내로 압송된 이후 그는 1935년에 임득산과 함께 조선혁명당 활동을 했다.

이때 윤 의사는 거처로, 한 방에 두 명이 거주하는 집이 있는데, 세 명이 거주하면 비용을 줄일 수 있겠다 싶어서 안명기의 집에서 일주일 동안 생활한다. 상하이 프랑스 조계 하비로 화합방에 있었다.

당시 상하이에는 조선인 1,000여 명이 거주하고 있었고, 독립운동가들은 겨우 40여 명 남아 있었다. 3·1운동

• 임득산은 김광과 함께 살았던 집의 같은 2층에서 부부가 함께 살았고, 안창호 선생이 조직한 국내 연락망이었던 교통국 활동을 했다. 그는 범선을 타고 평남과 황해도를 왕래하면서 국내 각지와 연락을 하거나 임시정부의 공채도 모집하는 등 맹렬한 활동을 전개한 독립운동가이다.

안창호

직후 상하이에 임시정부가 들어서고, 안창호 선생이 각지의 임시정부를 통합하여 통합 임시정부를 발족하고 연통제와 선전부, 교통국의 활동이 활발했고, 『독립신문』을 발행할 때만 해도 1,000여 명 가까운 독립운동가들이 있었다.

3·1운동 직후 각지에서 발표된 임시정부는 여덟 개나 되었다. 이 흩어진 다양한 조직을 통합하는 것이 당시 중요한 문제였다.

여덟 개의 임시정부 가운데 내각을 발표한 곳은 여섯 개였다. 이 가운데 상하이, 노령(露領), 한성(漢城) 정부각료를 살펴보자.

	상하이정부	노령정부	한성정부
대통령		손병희	이승만
부통령		박영효	
국무총리	이승만	이승만	이동휘
외무	김규식		박용만
내무	안창호	안창호	이동녕
군무	이동휘	이동휘	노백린
재무	최재형		이시영
법무	이시영		신규식
산업		남형우	
교통	문창범		문창범
탁지		윤현진	
노동			안창호

여기서 주목되는 인선안은 한성정부의 각료 인선이었다. 이승만의 경쟁자였던 안창호를 노동국총판으로 밀어 넣어 망신을 주려는 기호파의 의도가 뚜렷이 드러났다. 이 방안을 강력히 주장한 사람은 미주의 이승만파인 장봉[2]과 현순 목사, 이규갑 등이었다.

노령의 이동휘와 미국 이승만의 대립 격화와 분열

하지만 안창호 선생은 한성정부안을 받아들여 자신은 노동국총판도 상관없으니 통합 임시정부를 만들자는 방

이동휘

안을 지지했다. 한성정부안을 받지 않을 경우, 이승만은 독자적인 정부를 주장하여 분열이 고착될 가능성이 높았기 때문이었다. 그래서 미주에서 상하이에 도착한 안창호 선생이 통일된 임시정부 수립을 위해 동분서주하면서 타협안으로 만든 것이 3인 대표의 합의하에 내각을 구성하는 것이었다. 하지만 노령의 이동휘와 미주의 이승만의 대립으로 이 또한 제대로 진행되지 못했다.

상하이의 이승만파는 한성정부의 집정관 총재로 선임된 이승만이 대표대회를 거쳐 만들어진 것이므로 한성정부 내각안을 그대로 하자고 주장했다. 그런데 이는 사실과 달랐다. 한성정부의 대표대회는 전국 각지의 대표들이 참가해 선출하기로 했다. 하지만 실제로는 참석이 저조해 이승만파의 YMCA의 기독교 계통 목사들과 천도교의 일부, 그리고 일부 유림 인사들이 개인 자격으로 참여한 것에 지나지 않았다. 국민대표대회라는 회의조차 제대로 성립되지 못한 채, 정부 내각 구성안이 서둘러 발표된 것이었다. 이는 이승만과 연결된 YMCA 목사 그룹의 정무적 판단에 따른 것이었다. 대표성을 갖지 못한 한성정부 각료안이 마치 대표성을 가진 정부안으로 상하이에 잘못 전달되면서 도산 안창호 선생마저 찬성으로 기울었다. 그래서 한성정부안을 약간 개조하여 이승만을 대통령으로 하는 임시 헌법이 통과되었던 것이다.

하지만 이렇게 탄생한 임시정부의 내각은 노령 측의 격렬한 반발을 불러왔다. 이동휘의 임시정부 탈퇴로 노령의 독립운동 세력이 떨어져나가고 국민대표대회 소집이 좌절되면서, 상하이 독립운동은 국내와 베이징, 미주 등에서 개최된 해외 독립운동 세력의 중심체로서의 그 무게감이 떨어지게 되었다.

임시정부 고수파, 개조파의 통합노선을 거부하다

안창호 선생조차 임시정부에 계속 잔류하는 것은 무의미하다고 판단했다. 상황이 이렇게 돌아가자 임시정부 고수파들이 안창호 선생에게 주석직을 맡아 달라는 등의 제안을 했지만, '내 뜻은 임시정부가 필요 없다는 것이 아니라 민족운동의 대통합을 위해 나가는 것'이라며 1921년 5월11일 공식적으로 임시정부에서 사임했다.

안창호 선생은 5월10일에 여운형, 원세훈 등과 접촉하여 국민대표회의준비위를 발족하고 5월12일, 5월19일에 '독립운동의 진행책과 시국 문제의 해결 방침'이라는 연설회를 개최하고 국민대표회의 소집을 촉구했다.

1921년에 국민대표대회 소집 요구부터 1922년 각 지역 논의를 거쳐 1923년 1월에 개최해 6월에 끝난 국민대표대회는 그 시기와 정세, 독립운동의 역량으로 볼 때 최선의 방안이었는데도 각 파벌의 이해관계와 독선적인 태도 때문에 실패하고 말았다.

상하이 임시정부를 개조해 전체 독립운동의 총집결체로 만들자는 개조파는 절대다수일 수밖에 없었다. 이 운동에 적극적으로 나선 이들은 손정도 목사, 이유필, 조상

여운형

원세훈

섭 등 흥사단 원동위원부 단우들이었다. 그런데 개조파가 절대다수를 차지하면서도, 임시정부를 해산하고 새로 조직하자는 원세훈, 윤해, 박용만, 신채호, 이청천 등 창조파의 반대와 임시정부 고수파의 타협안 거부로 전 민족적인 통일기관 조직을 만든다는 꿈은 무너지고 임시정부는 극소수의 인물만 남게 되었다.

임시정부 고수파는 노백린, 이승만의 대리인이었던 조소앙,[3] 홍진 등이 대표했다. 그러나 이승만 지지 세력이었던 이동녕, 이시영, 조완구, 조소앙, 윤기섭, 장붕 등은 임시정부 고수파 안에서도 고립되어 이승만 탄핵을 막지 못했다. 이승만 탄핵 문제는 임시정부 초반에 뜨거

운 감자였다.[4]

노령 측과 베이징의 독립운동 세력, 만주의 무장독립운동 진영은 이승만의 위임청원 문제로 불신임안을 제기했다. 이승만이 대통령으로 있는 임시정부까지 인정하지 않았다.

임시정부, 구미위원부 애국금 사용으로 재정난에 빠져

특히 현실적으로는 이승만이 구미위원부의 활동을 이유로 재미교포들의 헌금 사용 요구를 임시정부의 재정부장이었던 이동녕이 승인하면서 임시정부는 심각한 재정난에 빠지고 말았다. 이승만이 재미교포들의 헌금을 대부분 사용했던 것이다. 특히 이승만파였던 이동녕, 이시영, 신규식, 신익희 등 기호파들은 이승만을 대통령으로 추대한 안창호를 평안도파라고 거꾸로 비난하고 다니는 실정이었다.

이런 갈등이 구체화된 것은 재정을 책임지고 있던 이동녕, 이시영이 국민회 중앙총회에서 모금한 애국금을 이승만의 구미위원부가 사용하도록 하면서 상하이 임시정부가 요인들에게 집세와 활동비를 줄 수 없는 처지에 빠졌기 때문이었다. 노령의 이동휘를 비롯한 베이징 등 각 지역의 이승만 불신임운동이 이승만 사임 요구로 번졌다. 하지만 안창호는 자신의 사퇴론으로 젊은 차장의 이승만 사임 요구를 저지했다. 사정이 이렇게 돌아갔는데도 이승만파의 음해는 계속됐다. 결국 이동휘의 노령 측이 상하이 임시정부를 탈퇴하고 말았고, 임시정부는 재정난에 빠져 여러 활동을 중지할 수밖에 없었다.

창조파 고립, 레닌은 안창호 개조파의 통합노선 지지

또한 국민대표대회의 좌절 이후 러시아 이르쿠츠크 공산당과 베이징의 윤해, 신채호, 박용만 등 창조파는 분열주의자라는 딱지가 붙었다. 이들은 김규식을 끌어들여 국민위원회를 조직해서 레닌의 지지를 얻으려 했지만, 오히려 레닌은 개조파의 통합노선을 지지했다. 이런 혼란이 발생한 것은 당시 코민테른 지도부의 과오도 컸다. 코민테른 지도부는 창조파의 지도부를 일단 지지하여 러시아 입국을 허가했다. 그리고 김규식, 신숙, 원세훈, 이

청천, 윤해 등 다섯 명이 이동휘, 김만겸 등과 협의하여 창조파 노선을 코민테른과 레닌이 수용하도록 노력했다. 그러나 레닌의 반대로 아무 소득도 얻지 못했다.

독립운동 내 여러 세력을 통합하여 통일된 지도 기관을 세워 독립전쟁을 수행한다는 계획은 1923년 6월에 무너지고 상하이는 극소수의 임시정부 고수파만 남게 되었다. 그렇다고 독립운동의 맥이 끊어졌던 것은 아니다. 남북 만주 지역의 무장독립운동도 꾸준히 이어졌고, 베이징 등 내륙 각지의 독립운동과 황푸군관학교 등에서 훈련받는 조선인과 중국공산당 활동에 참여하는 조선공산주의자들도 늘어났다. 상하이에서 신한청년단을 만들어 활동하던 여운형도 빈껍데기로 남은 임시정부 중심의 활동은 어렵다고 판단하여 세계 각국의 정황을 살핀 뒤 국내로 활동 무게를 옮겼다.

도산 안창호 선생은 독립운동 근거지 건설을 위해 저장성(浙江省), 하촉(下蜀) 일대, 베이징 인근, 필리핀, 북만주의 동경성과 경박호, 내몽고의 포두진 등을 조사하여 근거지 건설 작업을 계속했다. 도산 안창호는 1924년 11월에 상하이를 떠나 요코하마를 거쳐 샌프란시스코에 도착했다. 13개월 동안 미주 각지의 동포들을 만나 독립대당을 조직해 전 민족적인 항일 역량을 결집시키며 근거지를 건설해 장기전에 대비하자고 호소했다. 국내에도 조선공산당을 비롯한 여러 사회단체들이 활발하게 일어나 상하이를 비롯한 중국 각지의 독립운동 단체들과 활발하게 교류했다.

민족유일당운동의 좌절과 한국독립당 창당

이후 1927년에 안창호 선생이 전개한 좌우파를 아우를 민족유일당운동으로 일시적인 관심이 상하이로 모였으나 좌우의 강경파들이 반대해서 이 역시 성과를 거두지 못했다. 상하이의 좌파들은 구연흠, 김형선, 조봉암, 홍남표 등이 중심이었다. 민족대통합 유일당운동을 반대한 우파는 김구, 이동녕, 이시영 등이었다. 물론 여기에는 중국 현지의 정치 정세의 영향이 컸다.

그래서 할 수 없이 도산과 중도파 등이 대공주의(大公主義)•를 천명한 한국독립당을 일단 창당했다. 한국독립

• 개인은 민족을 위해 헌심함으로써 그 천직을 다 한다는 도산 안창호의 핵심 사상.

당에는 민족유일당운동을 반대하고 임시정부 고수파의 입장에 가까웠던 이동녕, 이시영, 김구가 참여하고, 이승만파였던 조소앙 등도 참여했다. 사실상 상하이에 잔류했던 독립운동가들은 대부분 한국독립당의 주요 간부였다. 창당 실무 작업에 주도적 역할을 한 것은 이유필이었다.

전 민족적인 통일대당인 민족유일당운동이 실패한 까닭은 당시의 국제 정세와 중국 현지의 국공합작 노선의 부침이 영향을 미치고 있었다. 좌파는 1935년 이후에야 이전 시기의 활동을 극좌 노선으로 규정하고 통일전선운동을 제창했는데, 독립운동의 20년대 좌파들은 좌파 헤게모니론에 입각해 있었던 코민테른 노선을 맹종하고 있었다.

그런데 김구를 비롯한 우파들은 장제스의 1차 국공합작과 분열, 그리고 북벌, 장제스의 상하이 쿠데타로 일어난 수백 명의 공산주의자 학살을 목도하면서 좌우가 힘을 합쳐 일본과 싸운다는 민족통일대당 건설운동에 부정적이었다. '좌우합작은 좌파를 도와줄 뿐'이라는 장제스파의 논리가 먹혀든 것이다. 일제의 폭압적 지배로 숨이 막히는 조선과 다르게 윤 의사가 직접 생활하고 있는 중국 현지의 상황은 간단치 않았다.

독립운동가, 중국 정세 흐름에 촉각을 세우다

3·1운동 이후 상하이와 베이징, 중국 각지에 망명한 독립운동가들은 중국 현지의 정세 흐름에 예민할 수밖에 없었다. 날이 갈수록 가속되는 일본의 중국 침략도 속도와 내용이 놀라울 뿐더러 중국의 대응도 복잡했다.

윤봉길은 상하이의 여러 독립운동가들과 접촉하고 김광과 한 방을 쓰면서 중국의 항일혁명운동과 좌우파의 대립 등에 대해 꼬치꼬치 묻고 설명을 들었다. 하지만 조선의 독립운동 진영의 분열과 갈등은 도저히 이해가 가지 않았다. 서로 힘을 모아 싸워도 힘든 판에 기호파와 평안도파, 함경도파라는 딱지가 무슨 소용이 있는가. 나라를 잃은 망국노가 멀고 먼 상하이에 와서까지 네 편, 내 편을 따지고 있으니 기가 막힐 뿐이었다.

하는 일이라곤 말로는 독립운동이라고 하지만, 조선 독립에 실제로 도움 되는 일은 없었다. 빈껍데기 임시정부의 국무위원을 도대체 어디에 써먹는가? 기대를 품고 온 상하이는 너무나 실망스러웠다. 어찌할 것인가. 최용건처럼 만주 일대를 떠돌고 있는 무장독립군을 찾아가 볼까. 김산•처럼 고난의 대장정을 하고 있는 마오쩌둥 정부를 따라가 볼까? 아니면, 김원봉을 따라 의열단에 들어갈까? 도산의 말씀처럼, 일본이 전쟁을 확대하면 결국 패하게 될 것이고, 독립의 기회가 올 것이니 그때를 대비해, 세계정세도 읽고 실력도 쌓는 노력을 할 것인가.

• 구익균 구술, '나의 상하이 생활'. 1979년, 이태복 메모. 최용건, 김산이 상하이에서 도산과 잠시 생활했다는 증언이다. 구익균은 흥사단 단우로 도산의 상하이 생활 중에 잔심부름을 도맡았고, 해방 이후에는 혁신정당 활동을 했다.

6장 중국의 혼란과 국공합작

쑨원, 중화혁명군 창설하고 위안스카이 야욕과 대립하다

신라 출신 김함보의 후손들인 만주족이 만리장성을 넘어 중국 대륙을 장악한 이래, 사상 최대의 제국을 건설했던 청나라는 서구 제국주의 국가들의 침략으로 무너지고 중화주의를 내세운 쑨원(孫文) 같은 젊은 혁명가들이 등장했다. 그런데 이들의 꿈과 열정만으로 거대한 제국이 무너진 자리를 채울 수 없었다.

1912년 1월1일에 선포된 중화민국은 신생국가의 길로 매진해야 함에도 불구하고 위안스카이(袁世凱)가 임시대총통의 직책에 앉게 되면서 혼란에 빠져들었다. 1911년 신해혁명 이후 임시총통이 된 쑨원은 위안스카이에게 총통직을 양보했고, 쑨원으로부터 대총통 자리를 물려받

쑨원(손문)

은 위안스카이는 매관매직을 일삼고, 일본의 침략 요구를 수용, 황제가 되려는 야심을 채우기에 급급했다.

시국이 이렇게 변하자 쑨원은 다시 1914년 9월에 중화혁명당을 창당하고 중화혁명군을 창설해 각 지역에 혁명 세력을 적극 확대했다. 하지만 아직 위안스카이의 세력이 각 지역에서 지배권을 장악하고 있었다.

쑨원의 호국군인 윈난성(雲南省) 장군 탕지야오(唐繼堯)가 리례쥔(李烈鈞)과 함께 봉기하여 윈난성의 독립을 선언하자, 구이저우(貴州)·쓰촨(四川) 등 중국 남부 지역에서 위안스카이를 토벌하자는 반원(反遠)운동이 번졌다. 이 운동의 중심은 차이어(蔡鍔)였다. 차이어는 1차혁명 때 신군을 이끌고 윈난성의 도독이 되어 귀주까지 세력을 확대했다. 호국군은 세 개 군으로 편성해 차이어가 제1군, 리례쥔이 제2군으로 쓰촨, 광둥을, 탕지야오가 제3군으로 윈난성을 수비하도록 했다.

장쑤성(江蘇省)에 거점을 확보하고 있었던 중화혁명당은 천치메이(陳其美)의 지휘로 거병했지만 쑨원의 상하이 귀환에도 불구하고 천치메이가 갑작스럽게 암살당하자 혼란이 일어났다.

거꾸로 장제스는 쑨원에 의해 산둥으로 가서 중화혁명군의 동북군 총사령 거정(居正)을 보좌하라는 명령을 받았다. 1916년 3월 이후부터 중화혁명당 활동이 본격화되면서 칭다오에서 거정이 총사령관으로 5월4일부터 활동했으나 별 성과를 내지 못했다. 쑨원은 돤치루이(段祺瑞)의 매국 행위를 규탄하며 호법(護法)의 깃발을 들고 광저우(廣州)에서 신정부를 수립하고 각부의 총장도 임명했다.

정국은 쑨원의 군정부와 베이징의 돤치루이 정부 간 대결로 진행됐다. 두 세력의 충돌은 푸젠성(福建省)의 남부에 집중되었지만, 성패가 명확하지 않았다. 결국 쑨원의 혁명은 실패하여 잠춘원파의 군정부는 쑨원에 대한 추방을 결의하고 말았다.

위안스카이(원세개)

돤치루이(단기서)

위안스카이, 일본의 '21개 조약' 굴욕적으로 수용하다

이런 중화혁명의 현실은 매일매일이 변화무쌍하고 승패도 번복되기 일쑤였다. 그런데 황제가 되고 싶다는 욕심에 사로잡혔던 위안스카이는, 일본의 강도와 같은 21개조 요구를 수용함으로써 지역 군벌들이 장악하고 있던 기득권 구조에 파열음을 만들어냈다. 일제가 요구한 21개 조약의 내용은 국민 누구나 반발할 수밖에 없는 굴욕적인 것이었다. 이로써 위안스카이의 체제는 대중적 기반을 상실했고, 일본의 지지에 기댈 수밖에 없게 되었다. 21개 조약으로 알려진 위안스카이와 일본과의 조약의 대표적인 내용은 다음과 같다.

산둥 문제

1. 독일이 산둥성에서 갖고 있던 권익의 처분은 일·독 간에 협의하고 중화민국은 합의 결과를 승인한다.
2. 옌타이(烟台), 룽커우(龍口)로부터 교제 철도에 접속하는 철도를 부설할 경우 일본차관을 우선적으로 한다.
3. 중화민국은 외국인의 거주, 무역을 위해 산둥성의 적당한 도시를 개방한다.

만주 내의 내몽고 문제

1. 뤼순, 다롄의 조차 기한, 남만주철도, 만몽철도의 반환기간을 각각 99년으로 한다.
2. 만주 남부에서 일본인의 차지권(借地權)
3. 만주 남부에서 일본인의 거주, 왕래, 영업의 자유
4. 일본의 영사 재판권
5. 길장 철도 차관 최혜국 약관
6. 만주 남부에서 광산 채굴, 해굴권

푸젠성 문제

외국 또는 외자에 의한 조선소, 저탄소, 해군 근거지를 건설하지 않을 것.

21개 조약은 그동안 일본이 대륙 침략의 견고한 기반을 구축하기 위해 노려온 것의 집약체였다. 조선 병합 때의 을사늑약과 다름없었다. 위안스카이가 황제라는 헛된 망상을 지불한 대가치고는 너무나 값비싼 것이었다.

이 21개 요구 중에 눈여겨봐야 할 문제는 제5호의 7개조 문제다. 즉, 난창(南昌)을 중심으로 한 철도 부설권과 푸젠성에서의 투자 우선권 요구는 일본이 단순히 만주 점령으로 끝나지 않고 남진 정책을 구체화하고 있다는 속셈을 드러낸 것이었다. 이로써 중국 내의 반일 여론은 폭발적으로 증가했고, 그만큼 중화혁명군의 기반도 비약적으로 확대되었다.

위안스카이의 황제 망상과 죽음

위안스카이의 망상은 21개조의 굴욕적인 수용에 그치지 않았다. 중앙의 고관과 장군들을 모집해 위안스카이를 황제로 하는 제국 설립 작업이 구체화되었다. 위안스카이는 이와 동시에 쑨원의 중화혁명당과 중화혁명군을 공격했다. 각 지역에서 위안스카이파에 의한 암살과 혁명군의 처형이 빈발했다. 쑨원의 중화혁명군은 해군의 주력함에 공작과 선전을 집중해 해군의 정예함인 조화, 응서, 통제함에서 봉기하기로 했으나 위안스카이가 막대한 황금을 풀자 매수에 넘어간 응서, 통제함의 반기로 해상 봉기는 실패로 돌아갔다.

한편 위안스카이를 이용한 일본은 위안스카이의 존재가 오히려 일본의 국익에 도움이 되지 않는다고 판단해 갑자기 태도를 바꿨다. 즉, 영국을 설득해 위안스카이의 황제 즉위 계획에 반대하기로 공작을 꾸몄다. 하지만 위안스카이의 야망을 꺾을 수는 없었다. 위안스카이는 5족이 함께 군주를 모신다는 의미로 5색기에 붉은 태양을 첨가하고 중화제국지인과 황제지인도를 새로 만들어 태어날 때부터 천명을 받들고 제위(帝位)에 끝이 없다는 문자를 조각했다. 1915년 말로 중화민국은 끝이 나고 연호도 1916년 1월1일부터 홍헌(洪憲) 1년으로 개칭되었다.

그러나 윈난(雲南), 구이양(贵阳), 광둥(廣東), 광시(廣西)의 호국군은 위안스카이의 대총통 지위를 공식적으로 부인했다. 이어서 위안스카이의 심복이었던 사천도독 천환(陳宦)의 배신으로 위안스카이는 병상에 눕게 되었다. 첩 열다섯 명을 거느리고 인삼보강제를 마시면서 건강을 자량했던 위안스카이는 유언조차 제대로 남기지 못한 채 사망했다. 59세였다. 위안스카이의 죽음에 대해 한커우(漢口)의 한 신문은 「자연적인 해결」이라는 제하에 "한사람이 죽음으로써 민국이 평안을 얻었다"고 썼다. 쑨원이 일으킨 신해혁명의 역사는 위안스카이의 사망으로 변곡점을 맞이했다.

쑨원의 중화혁명 선언에도 북양군벌이 우후죽순 생기다

한편 위안스카이가 죽자, 위안스카이 토벌을 목적으로 산둥성(山東省)에 진출했던 중화혁명군 동북군은 위안스카이의 군무장관 장화이지(張懷芝)와 정전협정을 체결해서 지난(済南)을 경계로 산둥성을 동서로 분할하고 동쪽에 배치했다. 산둥에 대독선전을 구실로 진출했던 일본은 독일이 장악하고 있던 칭다오에서 지난에 이르는 철도 부설, 광산 채굴, 전화 시설권 등 막대한 이권을 빼앗기 위해 재빨리 독일에 선전포고를 했다. 일본은 8일간 전투 끝에 칭다오를 점령하고 2,300여 명의 포로를 잡았다. 일본은 일단 재빨리 동북군에 협력하면서 우호 관계를 유지했다.

제1차 세계대전이 마무리되고 있는 가운데, 중국은 청나라가 망한 뒤 쑨원의 중화혁명 선언에도 불구하고 강력한 1인 지배자였던 위안스카이가 사망하면서 중앙권력의 공백으로 인해 각 지역의 군벌들이 우후죽순 생겨났다. 중화민국은 서구 제국주의 국가들로부터 종이 호랑이로 취급받아 침략을 받았고, 경제의 파탄과 사회 혼란이 지속되면서 한치 앞도 내다볼 수 없는 암흑 시대에 빠지고 말았다. 10여 년 뒤인 1920년 후반에 가서야 비로소 나라의 기틀을 잡기 시작한다.

위안스카이의 죽음은 그가 북양군벌 출신이었던 만큼 허베이(河北)파와 안후이(安徽)파로 양분됐다. 허베이파는 펑궈장(馮國璋)을 수령으로 우페이푸(吳佩孚), 쑨촨팡(孫傳芳) 등이며 미국과 영국이 밀었고, 안후이파는 돤치루이, 쉬스창(徐世昌) 등으로 일본과 손잡고 있었다.

한편 북방에는 장쭤린(張作霖)의 봉천파가, 남부에는 윈난의 탕지야오, 쓰촨성의 루룽팅(陸榮廷)의 군벌이 할거했다. 이들 세력이 재편성되는 남방에는 쑨원이 있었고, 쑨원은 광저우에 신정부를 수립하고 호법의 깃발로 호국군을 세웠다. 쑨원은 돤치루이 국무총리와 펑궈장 대리

대총통의 북양군벌을 타도하기 위해 총궐기에 나섰다.

하지만 호법군과 북양군의 전투는 압도적인 병력 우위를 확보하고 있는 북양군에 유리하게 전개되었고, 열세에 밀린 호법군은 북양군의 돤치루이 세력에 의해 쑨원 추방결의를 받아들일 수밖에 없었다.

이런 상황에서 러시아에서 혁명이 일어나고 소비에트 정부가 독일과 휴전을 체결하자 일본은 중국과의 군사협정을 체결해서 러시아의 시베리아 진출을 저지하고자 했다. 러시아가 시베리아로 진출하면, 결국 만주까지 영향을 미쳐 일본 제국주의자들이 중국 전략을 흔들 가능성이 높다고 본 것이다.

일본은 재빨리 시베리아를 침공해서 바이칼 호수와 이르쿠츠크를 점령하고 말았다. 불과 두 달이라는 단기간 내 7만 2,000명의 병력을 동원해 시베리아 점령에 성공한 것이다. 일본군의 이러한 신속한 시베리아 침공은 세계 각국을 놀라게 했고, 러시아 혁명정부를 긴장시켰다.

한편 쑨원의 호법군과 돤치루이의 북양군벌은 쑨원을 배제한 채 협상에 들어갔다. 쑨원의 호법군에서 지대장으로 활동한 장제스는 일본에서 훈련받은 압도적인 포병 운용으로 성과를 내고 있었다. 하지만 제1차 세계대전이

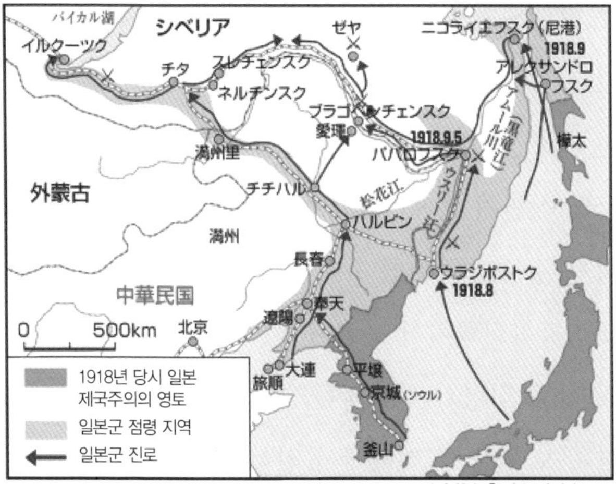

일본의 시베리아 침공

휴전조약으로 종지부를 찍었다. 돤치루이 대신에 대총통에 취임한 쉬스창(徐世昌)은 각 군에 전투중지 명령을 내리고 미국, 영국 등 5개국도 쑨원의 광둥 정부에 정전을 권했다.

파리강화조약 무시하고, 세계열강 이권 찾기에 부심하다

마침내 제1차 세계대전이 끝나고 파리에서 강화회의가 열렸다. 중국도 전승국의 일원으로 참가하여 국제적으로 평등한 지위를 확보하고 독립국의 입장을 다지려고 했으나 세계열강은 중국 측의 이런 입장을 철저히 무시했다. 특히 산둥성의 기득권을 지키려는 일본의 모략은 각국의 식민지 문제와 연결돼 있어 서구 제국주의 국가들이 공동 보조를 취했다.

파리강화회의에서 민족자결을 천명하고 있음에도 일본의 산둥 점령과 강대국들의 이권을 보장하는 현실에 대한 분노가 중국 전역에서 일어났다. 산둥성에는 독일이 칭다오(青島), 영국이 웨이하이(威海衛)에 각기 조차지(租借地)•를 갖고 군항으로 요새화되었다. 이곳은 청일전쟁 이후 시모노세키조약에 따라 제국주의 국가들이 강탈한 땅이었다. 독일은 칭다오에서 지난에 이르는 철도 부설권을 얻었고, 광산 채굴, 무선전화 시설권을 확보했다.

산둥성 반환을 요구하는 여론이 크게 번져 대일 강경대책을 요구했다. 대표였던 차오루린(曹汝霖), 루쭝싱(陸宗輿), 장쭝샹(章宗祥) 3인에게 비난 여론이 집중되었다. 차오루린과 루쭝싱은 돤치루이의 심복으로 일본과 협조했고, 루쭝싱은 산둥 문제에 대해 일본 측과 합의문서를

• 특별한 합의에 따라 어떤 나라가 다른 나라에게 일시적으로 빌려준 일부분의 영토.

교환한 당사자였다.

3·1독립운동 영향받은 5·4운동

1919년 5월4일 베이징의 톈안먼(天安門) 광장에 학생 1만여 명이 모여들었다. 조선에서 일어난 3·1독립운동에 자극받은 베이징 대학생들이 시위에 나선 것이다. 일본 상품의 불매운동도 함께 벌어져 상하이, 톈진(天津) 등에서 동맹파업이 실시됐다. 파리강화회의의 합의문에 중국 측이 서명하지 않았으나 산둥 문제는 중국 전역에서 배일운동의 기폭제가 되었고, 항일운동의 깃발이 되었다.

중국 전역의 학교에서 일본 상품 배척운동과 상하이, 톈진 등지에서 대대적인 동맹파업도 전개됐다. 산둥 문제는 열강국들이 중국의 입장을 지지하면서 일본도 할 수 없이 산둥성에서 확보한 권익을 양보하게 되었다. 하지만 만주에 대한 일본의 지배력은 점차 증강됐다.

이 시기에 국제정세와 중국의 상황에 큰 영향을 끼치는 사건이 일어났다. 제정러시아가 붕괴하고 혁명이 일어나 소비에트 러시아가 들어선 것이다.

5·4운동 당시 톈안먼 광장에서 시위 중인 학생들과 시민들

소비에트 러시아, 제정러시아가 중국에서 뺏은 특권 포기 선언

러시아혁명의 성공은 중국의 젊은 혁명가들을 고취하고, 중국에도 맑스-레닌주의의 물결이 도도하게 흐르기 시작했다. 피압박 민족의 해방과 계급 해방을 약속하는 소비에트 러시아의 세계 무대 등장은 기존 제국주의 세력들의 식민 지배와 약탈을 반대하고 민족해방을 구체적으로 제시한다는 점에서 열렬한 환영을 받을 수밖에 없었다. 중국은 소비에트 러시아가 1918년 7월 '러시아가

제정시대에 중국에서 뺏은 특권을 포기한다'고 선언했고, 광둥과 베이징 정부에 대해 '대중국선언문'을 발표한 사실을 열광적으로 환영했다.

1. 소련정부는 제정러시아가 일본, 중국, 구동맹국과 체결한 일체의 비밀조약을 폐기한다.
2. 소련정부는 중국이 지불한 의화단사건의 배상금을 포기한다.

소비에트 러시아는 '대중국선언문'이라는 약속을 통해 자신들의 정부는 제국주의 러시아가 아니라 억압과 수탈의 국제관계를 파기하고, 새로운 동맹관계를 선언한 것이다. 소비에트 러시아의 이런 탈제국주의적 태도는 중국의 청년들에게 깊은 감동을 주었고, 중국의 장래에 희망을 품게 했다.

중국사회주의청년단이 중국공산당으로 발전하다

베이징대학교 교수이자 지식인 사회에서 쟁쟁한 명성

을 갖고 있던 리다자오(李大钊)와 천두슈(陳獨秀)가 5·4운동 이후 반일민족해방운동의 불길 속에서 상하이에 '중국사회주의청년단'을 만들고 베이징, 창사(長沙), 우창(武昌) 등지에서 조직한 사회주의청년회가 '중국사회주의청년단'으로 발전했다.

이들은 논의를 거듭한 끝에 1921년에 '중국공산당'을 창립한다는 결정을 내렸다. 중공임시중앙위원회를 설치하고 57명의 당원 중에서 천두슈 등 일곱 명으로 발기인을 삼았다. 천공보(陳公博), 리다(李達), 마오쩌둥(毛澤東) 등 지역 대표 열두 명이 참여했다. 임시중앙위원회는 당의 규약과 지도부를 결정하고 천두슈를 위원장으로 선출했다. 또 간부 훈련과 조직 공작 등 기초 단위를 만드는

천두슈(진독수)

'마링'으로 알려진 헨데리크 스네블리트

작업에 집중해 각지에 거점을 확보했다. 마링(Hendrik Maring)•은 네덜란드인으로 코민테른의 주중국 대표로 중국에 파견되어 중국공산당 창당을 도왔다. 그는 네덜란드 식민지인 인도네시아에서 맑스주의를 선전했다는 이유로 추방되자 코민테른에서 아시아 전문가로 활동하게 되었다. 러시아어 학습을 위해 외국어문학교를 세워 1921년에 60명의 학생들이 공산당의 간부 훈련을 받았다. 류사오치(劉少奇)도 이 학교에서 러시아어를 배웠다. 장궈타오(張國燾)는 『노동계』를 창간하고 중공노공협회를 만들어 노동자의 조직화에도 힘썼다.

• '마링'이라는 가명을 쓴 헨데리크 스네블리트(1883~1942). 레닌이 중국에 파견하여 중국공산당이 1921년 상하이에서 창당대회를 열도록 지도했다.

류사오치(유소기)

중국 각 지역에서도 비슷한 활동이 벌어졌다. 이런 역량이 모아져 1922년 7월 상하이 프랑스 조계 지역 내에 있는 이한준의 집에서 중국공산당 제2회 대표대회가 개최됐다. 당원 123명을 대표한 20명이 모였고, 7개 지역 대표 13명, 각 지역의 대표에는 리다(상하이), 장궈타오(베이징), 천공보(광둥), 둥비우(董必武, 우한), 천탄치우(陳潭秋, 우한), 마오쩌둥(후난), 허수헝(何叔衡, 후난), 저우포하이(周仏海, 재일본 대표) 등이 참여했다. 이 창립대회에는 코민테른 대표 마링과 니콜스키•도 출석했다. 대표대회 장소인 이한준의 집이 수색당하자 80킬로미터 떨어진 자싱(嘉

• 니콜스키는 가명으로, 본명은 블라디미르 네이만(1898~1938). 러시아인으로 코민테른 극동국 서기로 일하면서 극동공화국의 인민혁명군 정보과 대표 자격으로 중국에 파견됐다.

니콜스키로 알려졌던 블라디미르 네이만

興)의 난후(南湖)에서 선상회의를 속개했다.

쑨원, 장제스에게 소비에트 러시아 시찰을 명하다

2차 전국대회에 앞서 코민테른은 쑨원에게 사람을 파견하여 연합전선의 구성을 제안했으나 쑨원은 거절했다. 반면에 쑨원은 중공의 당원이 국민당에 가입한다면 이를 허용하겠다고 말했다. 공산당 내에서 천두슈 등의 반대가 있었으나 마링은 국민당의 이름으로 활동해야 대중을 흡수할 수 있고, 국민당내 좌파를 포섭해서 국민당을 넘어설 수 있다고 설득했다.

소비에트 러시아는 세계 각국의 협력과 세력 확대를 위해 각국에 사절단을 보내고 또 받아들였다. 특히 러시아는 피압박 민족의 해방에 각별한 관심과 지지를 공공연하게 표명했다. 중국 역시 일본 제국주의 침략으로 고통받고 있는 상황에서 쑨원을 비롯한 중화혁명파는 러시아의 동향에 대해 큰 관심과 추이를 지켜보고 있었다.

쑨원은 장제스에게 소비에트를 시찰하고 오라는 지시를 내렸다. 군부대와 당(黨) 조직의 관계를 파악해오라는 임무였다. 중화혁명당과 군부대 문제는 단순히 조직 내 문제뿐 아니라 이 양자의 관계를 어떻게 정립하느냐는 중화민국의 장래에 중요한 문제가 될 터였다. 러시아의 군대 조직은 기존의 일반 군대와 다르게, 각 연대에 공산당으로부터 정치위원이 파견되어 부대 안에서 중요 임무에 참여하고 정치위원의 동의가 있어야 지휘관의 명령이 효력을 발휘할 수 있었다. 또 공산당원들은 장교든 사병이든 군에 입대한 사람들은 군대 내의 당조직에서 활동했다.

장제스는 러시아 적군의 육군 보병 14연대를 참관하고 군 내부에서 당과 군의 관계를 파악할 수 있었다. 연대장은 군사 지휘를 담당하고 행정상의 사무나 정치 교육은 정치위원이 담당했다. 이 양자의 관계는 권한과 책임이 분명하게 드러나 있었다. 쑨원과 장제스는 국민혁명군의 확대와 발전에 도움이 될 것이라 생각했다.

장제스, 러시아 신경제를 실감하다

1923년 11월7일에 장제스는 러시아혁명 6주년 기념으로 치러진 약 2만 명의 적군(赤軍)사열식을 붉은 광장에서 참관했다. 장제스는 소련군의 무기 개발과 항공, 페트로그라드(현 상트페테르부르크)와 군항을 시찰하거나 해군학교와 함대를 방문해서 군대의 사기 등도 점검했다. 장제스는 군부대뿐만 아니라 각 지방의 위원회를 방문하고 각 도시와 농촌의 소비에트에서 소비에트 대표나 정부 요인들을 만났다. 장제스가 이때 본 러시아는 소비에트 러시아 체제를 무너뜨리기 위한 각국의 군사 간섭과 침략에 대처했던 전시 비상체제를 어느 정도 극복하고 신경제•가 시행 효과를 보기 시작할 무렵이었다. 장제스는 소련 방문 중에 국제공산당에 가입하라는 요청을 받

• 신경제는 전시 비상체제와 다르게 개인 소유와 영업활동의 제한적 허용 등을 통해 소비에트 러시아 경제를 활성화시키려는 경제 정책 체계를 뜻한다.

았지만 쑨원의 뜻에 따르겠다며 사실상 거절했다.

트로츠키, 적극적 경제원조를 약속하다

소련 방문 중에 레온 트로츠키(Leon Trotsky)도 자주 만났다. 그는 소비에트는 국민혁명을 분명히 원조할 것이지만 군대를 직접 지원하지는 않고, 무기나 경제 원조를 적극적으로 하겠다는 약속을 했다. 장제스는 소련에서 귀국한 뒤 자세하게 보고서를 썼다. 또 1924년 1월16일 쑨원을 만나 러시아혁명과 공산당, 그리고 소비에트 현상에 대해 소상한 설명을 하자 쑨원으로부터 '너무 걱정이 지나치다'는 꾸중을 들었다. 이 장제스의 소비에트 시찰은 향후 국민당과 중국공산당과의 관계에 큰 부정적 영향을 끼쳤다.

쑨원의 국민당, 연소용공 노선을 공식화하다

장제스가 소련을 석 달에 걸쳐 방문한 뒤에 국민당은

저우언라이(주은래)

제1차 전국대표자대회를 준비하고 있었고, 연소용공(聯蘇容共)[•] 노선을 둘러싼 치열한 논쟁 끝에 쑨원의 뜻에 따라 이런 노선이 공식화되고 있었다. 리다자오도 쑨원과 만나 코민테른 당원인 자신이 국민당 가입이 가능한지 문의했는데 쑨원은 국민당에 가입해서 자신을 도와달라며 코민테른 당원 자격을 문제 삼지 않았다. 저우언라이(周恩來)는 프랑스 유학중인 1922년 7월 국민당 프랑스 지부에 공산주의 청년단 80명과 함께 입당했다.

이렇게 국민당이 체제를 정비하고 세력을 확장하자 동시에 공산당도 창당 이후 중국 각지, 각 분야에서 조직을 확대해 나갔다. 1922년 1월 홍콩 선원파업을 시발로

• 소련과 연합하고 공산당을 포용하는 정책.

철도, 광산, 외국계 기업 등에 파업투쟁을 벌여 대부분 승리했다. 하지만 1923년 2월에 전개한 경한철도 파업이 우페이푸의 무력 탄압으로 숱한 사상자를 내고(2·7참변) 끝나면서 한동안 침체기를 맞았다.

이 시기에 장제스의 반대에도 불구하고, 쑨원은 연소용공 정책을 확고하게 밀고 나갔다. 소련공산당은 중국국민당을 중국의 유일한 지도정당으로 인정했고, 공산당원들은 국민당에 개별적으로 입당하여 국민당의 지도에 복종하도록 권장하고 있었으므로 쑨원은 장제스의 우려를 걱정할 필요가 없다고 생각했다.

이런 여건이 조성되자 천두슈는 쑨원으로부터 국민당 개편안의 기초위원에 임명되었고, 중국공산당의 또 다른 지도자 리다자오도 1923년 2월에 국민당에 입당했다.

삼민주의와 제1차 국공합작

쑨원은 새로운 정세에 대응하기 위해 국민당 개편을 1923년 11월에 시도했다. 후한민(胡漢民), 린썬(林森) 등 아홉 명이 임시중앙집행위원이 되어 이념, 조직과 훈련이 철저한 정치 단체로 개조하기로 한 것이다. 그래서 당 조직도 위에서 아래로, 성(省)당부, 현(縣)·시(市)당부, 구(區)당부 등 계통 조직을 갖고 당원도 등록하고 선전기관도 통일되었다.

1924년 1월20일 중국국민당은 제1회 전국 대표자대회를 광저우의 광둥고등사범학교에서 개최했다. 해외대표를 포함해서 165명이 참가했다. 대회선언이 채택된 것은 사흘간 회의를 거친 1월23일 오후였다.

* 국민당의 사상과 주의는 쑨원이 제창한 삼민주의다.

1. 국민당의 민족주의는 중국 민족 스스로 해방을 찾는 일이고, 중국 내 각 민족이 일률적으로 평등해야 한다.
2. 국민당의 민권주의는 간접 민권 이외에 직접 민권이 있다. 선거권뿐 아니라 입법권, 관리의 임명권 등을 가진다.
3. 국민당의 민생주의는 지권(地權)의 평등과 자본 절약 두 가지이다.

국민당은 삼민주의를 천명하고, 일체의 불평등조약과 특권의 포기, 중앙과 지방의 균권(均權)주의를 채택한다고 선언했다. 아울러 제1차 국민당대회는 소련과 유대하고, 공산당을 받아들인다는 정책이 구체화되었다. 중앙집행위원 24명 가운데 리다자오가, 후보에는 마오쩌둥 등 중국공산당원이 포함되었다. 이렇게 해서 1924년 1차 국공합작이 시작되었다.

중국공산당은 농민운동강습소를 장악해 농민협회와 농민군단의 기초를 쌓았고, 공인부에는 전국총공회라는 조직을 만들고, 노동조합을 전국적으로 확산시켰다.

국민혁명군의 모체가 된 황푸군관학교

곧이어 국민당은 황푸군관학교(黃埔軍官學校)를 창설하고 교사와 졸업생으로 구성된 혁명군인 교도단이 조직되어 활동했다. 황푸군관학교는 국민혁명군의 모체가 되고, 무력혁명의 근간이 되었다. 장제스는 쑨원으로부터 육군군관학교 준비위원회 위원장으로 임명되었다. 준비위원에는 왕보링(王伯齡) 등 일곱 명이 있었고, 황푸에 있는 옛 광둥육군소학교와 광둥해군학교가 새로운 군관학교터가 되었다. 학생은 324명이었는데, 학생 구성은 동북3성과

황푸군관학교

러허(熱河) 등지에서 50명, 각 14개 성에서 168명, 각 군에서 75명, 희생자 유족에서 20명 등이었다. 장제스는 쑨원으로부터 황푸군관학교 초대 교장으로 임명받았고, 3,000여 명의 응시자 중에서 선발된 350명이 입학했다. 황푸군관학교의 교수부에는 공산당에서 부주임으로 예젠잉(葉劍英), 정치부 부주임으로 저우언라이가 있었다.

1924년 11월에 쑨원은 북양군벌인 장쭤린과 돤치루이를 만나기 위해 북상 중에 황푸군관학교에 들렀다. 교장인 장제스에게 쑨원은 "내 나이 59세이니 죽어도 유감이 될 만한 일은 없고, 학생들이 나의 혁명 사업을 충분히 계승할 수 있다고 믿는다"라고 말했다. 쑨원의 북상에 따라 그 공백을 노리고 천중밍(陳炯明)의 반혁명세력이 10만 명을 모아 광저우 탈환을 노리고 있었다. 혁명정부가 토벌군을 조직했고, 장제스가 참모장을 맡았다. 이 치열한 전투가 끝나갈 무렵, 쑨원의 사망 소식이 날아들었다.

쑨원의 갑작스런 죽음

1925년 3월12일이었다. 60세, 사인은 간암. 쑨원은 황푸에 들렀다가 홍콩을 거쳐 상하이에 도착하는 북상(北上) 길을 밟았다. 부인 쑹칭링(宋慶齡)을 비롯해 왕징웨이(汪兆銘), 리례쥔 등 20여 명이 수행했다. 북상의 목적은 국민회의를 소집해 중국의 통일과 건설을 진행하며 불평등조약을 철폐하는 데 있었다.

그런데 쑨원은 곧장 북방으로 가지 못하고, 일본에 들렀다. 베이징으로 갈 수 있는 진포철도가 불통이었고 상하이, 톈진 항로도 없었다. 이참에 일본에 들러 중국의 현실을 설명하고 불평등조약의 철폐를 호소하고자 했다. 쑨원은 나가사키를 거쳐 고베에 6일간 체류하면서 '대아시아'라는 유명한 연설을 남겼다. 고베 상업회의소 등 다섯 개 단체의 요청으로 고베 여학교 강당에서 열린 강연회에서 쑨원은 전체 아시아의 발전을 위해 일본은 패도를 버리고, 왕도를 선택해야 한다는 주장을 펼쳤다.

톈진에 도착했으나 고열에 복부 통증으로 12월31일 베이징으로 옮겨 외국인 의사 예닐곱 명이 진찰한 결과, 간암으로 판명되었다. 간암 말기로 치료 시기를 이미 놓친 상태였다. 임종은 부인 쑹칭링, 장남 쑨커(孫科), 쑹쯔원(宋子文), 쿵샹시(孔祥熙), 왕징웨이, 장롄제(張人傑), 천유런(陳友仁), 허샹닝(何香凝) 등 10여 명이 지켰다.

쑨원 사망 이후 후한민은 대본영에 국민당 중앙정치위원회를 소집하여 대본영 대신에 국민정부를 설립할 것을 결정하고 집단 지도 체제로 하기로 했다. 1925년 7월 1일에 국민정부가 광저우에 설립되고 왕징웨이, 후한민, 장렌졔 등 16명이 선출되었다. 왕징웨이가 주석이 되고, 쉬충즈(許崇智)를 위원장으로 하는 8명의 군사위원회도 성립돼 광저우의 국민정부는 왕징웨이, 쉬충즈, 장제스의 3인 체제가 되었다.

하지만 쑨원이 사망함에 따라 우파 세력에 의한 좌파 공격이 시작됐다. 랴오중카이(廖仲愷) 암살 사건에 이어 쉬충즈 체포 사건이 일어나 왕징웨이, 장제스 체제로 급변했다. 또한 10월부터 1월까지 진행된 천중밍 반란 사건 진압의 성공은 장제스의 군권 장악 신호였다.

국민당, 광저우파와 서산회의파로 분열되다

한편 황푸군관학교 교도단은 당군(党軍)으로 조직되어 장제스는 1925년 4월 광둥군 총사령부를 방문해 중요한 작전권은 당군이 담당하고, 자신이 당군사령관으로 취임했다. 장제스군은 광저우의 윈난군과 양시민(楊希閔)의 반혁명군을 소탕하고 국민혁명군으로 개편했다. 그러나 당 중앙의 린썬 등 장제스파가 베이징의 서산에 모여 제1기 4차 중전(中全)회의를 열어 왕징웨이의 당적을 6개월간 정지하고, 중앙집행위원 해임을 결의해 왕징웨이의 죄상을 열거했다.

12월14일에 장제스는 상하이 집행부를 접수하고 공산당을 배제한 중앙당부를 설치하여 독자적인 당무를 보기 시작했다. 중국 국민당은 이렇게 광저우파와 서산회의파로 분열되고 말았다.

한편 1926년 1월1일에 광저우에서 중국국민당 제2차 전국대표자대회가 열렸다. 대표자 256명 중 공산당원은 90명이 참가했고 이들은 중앙과 지방당의 간부였다. 결국 제2차 전국대표자대회는 서산회의파를 축출한 뒤 새로운 집행부를 선출했다. 제2기 중앙상무위원은 왕징웨이, 장제스, 탄핑산(譚平山), 탄옌카이(譚延闓), 간나이광(甘乃光) 등 아홉 명이었다. 이 중, 세 명이 공산당원이었다.

한편 축출당한 서산회의파는 상하이에서 27개의 성구(省區) 대표 107명을 모아 제2차 전국대표대회를 개최했다. 이 시기에 장제스는 국민혁명군 총감에 임명되어 북벌을 주장했으나 소련 고문단의 반대에 직면했다. 1926년 3월 들어와서 중산함사건•이 일어나 장제스가 계엄령을 선포하여 소련 고문단을 감금하는 일까지 벌어졌다. 사태가 이렇게 벌어지자 왕징웨이는 프랑스로 치료차 외유를 떠나고 공산당은 국민당을 자극하지 않는 방침을 받아들였다.

상하이 방직공장 노동자, 반일 감정이 격해지다

그런데 1925년의 상하이의 5·30노동자 투쟁과 광저우 노동자 투쟁이 벌어져 제국주의 침략과 불평등조약에 반대하는 거대한 반일운동의 기폭제가 되었다.

당시 상하이에는 청일전쟁에 의해서 체결된 불평등조약인 시모노세키조약으로 중국 국내의 각 항구에 일본 공장 설치가 허용되어 있었다. 상하이에는 일본인이 경영하는 방직공장이 22개나 있었고 이는 상하이 전체 방

• 1926년 3월18일 국민 혁명군 소속의 군함 '중산함'이 작전 도중 갑자기 광저우로 돌아오는데, 장제스가 자신을 제거하기 위한 공산좌파의 반란이라 규정하고 3월20일 좌파인사들에 대한 체포 및 무기 몰수 등으로 탄압을 한 사건. 국공합작하의 중국에서 국민당의 장제스가 공산당에 공격을 가한 사건이다.

직공장의 3분의 2를 차지했다. 중국 노동자들은 매일 12시간 이상의 노동과 하루 1각(角)5분(分)의 저임금에 시달렸다. 이런 수준은 다른 공장의 4분의 3에 해당했다. 또 일본 공장주는 중국 노동자 임금의 5퍼센트를 강제 적금시키고 10년이 넘어야 반환받을 수 있도록 규정했다.

1925년 2월 내의면 방직공장에서 소년 노동자의 시체가 10여 군데 상처를 입은 채 발견되었다. 공장 관리인이 철봉으로 때려죽인 것이 분명했다. 이에 격분한 상하이 노동자들이 전 공장과 연대하여 파업에 들어갔다. 참가자는 3만여 명이었다. 조계당국이 이를 진압하려 했으나 파업은 2주간이나 계속됐다. 상하이 총상회와 연합회가 중재하여 향후 구타, 욕설 등을 금지하고 2주마다 임금을 지불하기로 하고 타결을 봤다. 그러나 파업은 칭다오에 있는 일본인 방직공장으로 번져갔고, 장쭤린의 봉천군벌이 베이징 정부의 이름으로 노동자를 탄압했다. 다시 상하이의 일본인 방직공장에서 파업이 벌어져 이제 노동자들이 반일투쟁의 선봉에 섰다.

노동자 총파업 번져, 규찰대 3,000명으로 편성하다

공산당이 공회를 조직해 노동자 세력을 조직화하고 농민조합을 확대해 나가면서 상하이는 관심의 초점이 되었다. 1925년 5월3일 영국 경관이 발포해 많은 사상자를 낸 5·3사건 이후 반제국주의 민족 감정이 고양된 여건을 활용해 노동자의 파업을 5월30일에 조직하고 상하이를 장악할 수 있는 규찰대를 3,000여 명으로 편성했다. 상하이 학생들이 노동자 탄압에 항의하는 시위를 조계경찰이 탄압하자 전국적인 반제국주의 운동(5·30운동)으로 번졌다.

광저우에서도 노동자들의 파업에 영국 수비대가 발포하면서 홍콩, 광저우의 노동자들이 16개월에 걸친 전면 투쟁을 전개하고 2,000명의 규찰대를 조직했다.

상하이 노동자들은 1926년 10월24일 첫 파업에 돌입했지만 쑨촨팡의 군대에 의해 무자비하게 제압당했다. 1927년 2월19일 두 번째 총파업에 들어간 상하이 총공회는 시민위원회 구성을 요구했다. 3월21일에 다시 총파업에 돌입했다.

장제스의 북벌이 북양군벌과 각지의 지방군벌을 숙청하는데 목표가 있었다면, 중국혁명의 상황은 달라졌을 것이다. 그런데 장제스의 북벌은 광범위하게 번지고 있는 노동자들의 파업과 농민들의 저항을 지도하는 공산세력과 이들과 연합하는 우한의 왕징웨이 정부를 약화시키고자 했다.[1]

국민당, 공산당 활동을 억압하다

국민당 안에서 공산당 활동을 억압했던 장제스는 북방군벌의 혼란을 이용해 좌파세력의 팽창을 억압하고자 1926년부터 북벌을 시작했다. 후난(湖南)을 평정하고 후베이(湖北)의 요지인 우창, 한커우, 한양(漢陽)을 장악해 신해혁명의 깃발을 일으킨 중화민국의 초석을 다지겠다는 것이다. 장사를 점령하고 있던 우페이푸는 북벌군과 부딪치자 북방으로 후퇴해서 무창 남방의 장사교에 2만여 명을 배치했다. 치열한 공방전 끝에 시체를 산더미처럼 남겨놓은 채, 우창성 안으로 물러선 우페이푸군의 저항은 10월10일까지 이어졌다.

장제스의 북벌군은 우페이푸를 타도하고 쑨촨팡과 연락하되 장쭤린과는 상대하지 않는다는 전략을 폈다. 하

장제스(장개석)

왕징웨이(왕조명)

지만 난창을 둘러싼 치열한 전투가 벌어져 북벌군이 철수하는 사태가 벌어졌고, 장제스가 다시 주력군을 보강해 난창을 공격하자 쑨촨팡군은 난징으로 후퇴했다.

난징으로 후퇴한 쑨촨팡이 장쭤린에게 지원을 요청하자 장쭤린은 톈진에 안주군 총사령부를 설치했다. 허난으로 후퇴했던 우페이푸도 참여하여 북양군벌의 대응 체제를 갖췄다. 이런 북양군벌의 응전 태세에 대해 장제스의 북벌군은 동로군, 서로군, 중앙군의 3군으로 나누고, 양쯔강 하류를 점령하고자 했다.

난징을 무난하게 점령한 장제스군은 뜻밖에 난징에 주둔하고 있던 영국, 미국, 일본 등의 영사관이 습격당하고 약탈이 일어나는 난징 사건에 직면했다. 이에 양쯔강에 정박 중이던 미국, 영국의 군함이 난징 시내를 향해 발포했다. 이때 일본 측은 함포 공격에 가담하지 않는 이상한 태도를 취했다. 이런 무저항 외교 태세는 군부로부터 저자세 외교라는 비난을 받았고, 이후에 중국 정책에서 강경한 노선을 취하는 원인이 되기도 했다. 장제스가 상하이로 총사령부를 이전하고 사태 수습에 노력하고 있었고, 미국과 영국은 일본에 대해 공동으로 출병할 것을 제안했지만 일본은 거절했다. 오히려 일본은 경비를 구실로 육전대 2,400명을 상륙시켰다.•

이때 저명한 지식인 궈모뤄(郭沫若)는 한커우에서 발간되는 『민국일보』에 장제스에 반대하는 여러 편의 논문을 발표하여 장제스 반대를 공론화했다.

장제스, 왕징웨이 우한정부와 전면전

그러나 국민당 우파와 장제스는 공산당에 대한 전원 숙청을 결의하고 전면투쟁에 들어갔다. 장제스는 왕징웨

• 제국주의 국가들의 중국 주둔부대 병력은 상하이 부근에 8개국 2만5,000명, 베이징 부근 5개국 5,000명, 군함은 양쯔강 유역에 8개국 104척이 있었다.

이를 설득해 공산당 숙청과 우한정부에 가담하지 말 것을 요청했지만 거꾸로 왕징웨이파는 연소용공의 쑨원 정신을 계승해야 한다면 천두슈와 연합할 것을 선언했다. 이에 따라 반장제스파는 광저우에서 우한으로 옮겨 국민정부의 정치 기반을 강화하고자 했다. 프랑스에 체류 중인 왕징웨이가 귀국해 우한의 수반이 되면 정국을 어느 정도 안정시킬 것으로 보았다. 그리고 우한의 국민정부는 장제스에게 상하이를 떠나 난징으로 가서 군사에만 전념하라고 지시했다.

한편 천두슈는 공인규찰대를 동원해 경찰대를 해산하고 상하이를 점령하고자 했으나 장제스의 제1사단이 상하이에 입성하면서 무력 점령은 실패로 돌아갔다. 하지만 시민정부를 구성해서 이를 선포했다. 아울러 우한의 국민정부는 궈모뤄에게 상하이 주둔군의 정치 공작 지도원의 책임을 부여했다. 상황이 이렇게 급박하게 돌아가자 장제스는 1927년 3월26일 지우강(九江)에서 상하이로 공격하여 시 전역을 점령했다. 일선에서 공인규찰대와 장제스군의 충돌이 일어났다. 공인규찰대 3,000명의 총지휘자는 구쉰장(顧順章)이었으나 실제 지휘자는 저우언라이였다.

우한정부, 장제스를 총사령직에서 해임하다

규찰대가 반공파인 장제스파를 색출하자, 장제스는 상하이 총공회에 규찰대의 무장해제를 요구했다. 반면에 우한의 국민정부는 장제스의 행동은 반혁명적이므로 엄중히 처치하라는 지시를 내리면서 혁명의 질서유지를 위해 헌병이 조직되지 않은 상황에서는 규찰대를 합법적인 무력단체로 승인했다. 아울러 규찰대를 함부로 해산하려고 하면, 이는 반혁명이라고 결의했다. 그리고 4월 1일 중앙정치위원회 결의로 장제스를 총사령직에서 해임했다.

왕징웨이는 귀국 요청을 받고 베를린을 경유하여 모스크바를 들러서 소련 정부와 코민테른의 전면적인 지지 약속을 받았다. 장제스는 군사 부문에서만 통솔하고, 군정, 민정, 재정, 외교관계는 왕징웨이 주석의 권한임을 분명히 했다.

4월20일에는 장시성(江西省) 난창에서 교도관 단장 주더(朱德) 등이 일으킨 폭동으로 국민당 간부들이 체포되는 사태가 일어났다. 이로써 장제스와 공산당의 대결은 피할 수 없는 국면이 되었다.

장제스, 상하이 쿠데타로 좌파 수천 명을 제거하다

장제스파는 국민당 중앙감찰위원회를 소집해 우징후한, 차이위언페이(蔡元培), 천궈푸(陳果夫) 등 여덟 명이 모여 공산당원들에 대한 감시와 공산당 조직인 정치부의 해산을 명령했다. 장제스는 1927년 4월6일 전선총지휘관인 바이충시(白崇禧)에게 정치부 상하이 변사처를 봉쇄하도록 하고, 4월9일에는 계엄령을 선포했다. 난징으로 달려간 장제스는 3개 사단의 지휘권을 장악하기 위해 난징 부근의 철도를 차단하고, 무장 해제를 시작했다.

17일간의 탄압으로 공산 세력을 제거한 난징은 장제스의 수중에 떨어졌고, 상하이가 문제였다. 1927년 4월12일 바이충시 지휘하에 26군은 공인규찰대를 무장 해제시키고, 왕쉬화 등 공산당원 수백 명을 체포했다. 저항하는 공인규찰대를 사살하자 상호간 총격전이 벌어졌다. 규찰대의 위원장인 왕쉬화를 비롯해 많은 공산당 간부가 처형되고, 숱한 사상자가 발생했지만 26군의 압도적인 군사력으로 상하이 점령을 끝냈다.

이 상하이 쿠데타로 수천 명이 학살당했다. 장제스군은 4월22일까지 90여 명을 사형시켰다고 발표했다. 이 상하이 쿠데타는 사실상 공산당과 좌파에 대한 선전포고였고, 국공합작의 붕괴를 의미했다.

장제스는 공산당을 배제한 채 난징에서 4월18일 우파를 결집시켜 4차 중앙집행위원회를 개최했다. 난징을 장제스 정부의 수도로 하고, 주석을 후한민으로 선출하며, 우한에 있는 국민당 정부는 가짜 정부로 취소한다는 것이었다. 이에 대해 우한의 국민정부는 4월17일 장제스의 당적을 박탈하고, 장제스를 체포하라고 명령했다. 양측이 전면전에 들어간 것이다.

공산당, 징강산(井岡山)에 근거지를 구축하다

한편 장제스의 탄압이 계속되는 북벌 중에도 중국공산당은 각 지역에서 농민항쟁과 봉기를 조직해 독자적인 농공 소비에트를 조직하는 등 적극적인 활동을 전개했다. 후난의 각지에서 공농 제1군1사를 조직하고 지역을 장악했다. 마오쩌둥의 지휘하에 황용셩(黃永勝), 장조풍, 주더, 천이(陳毅), 린뱌오(林彪) 등의 부대가 후난과 장시성의 경계에 있는 험준한 징강산(井岡山) 근거지를 구축

마오쩌둥(모택동)

했다. 후난 지역의 봉기에 이어 광둥을 중심으로 육풍과 해풍을 기반으로 평파이(彭湃)가 소비에트 정부수립을 선포했다. 그러나 1928년 3월 난징의 장제스군에 의해 해체됐다.

광저우 지역에서도 봉기가 일어나 공·농·병 대회를 열고 소비에트(광저우 코뮌)의 성립을 선언했다. 장타이뢰(張太雷)와 예젠잉, 예팅(葉挺)이 주도했는데, 장타이뢰는 장제스군과 교전 중에 사살당했다.

연소용공의 깃발 아래 국민당과 함께 중국의 혁명을 추진하려던 공산당은 왕징웨이조차 반공으로 돌아서자 1927년 7월31일 국민혁명군 제20군장 허룽(賀龍)과 제11군, 제24사단장 예팅이 난창에서 봉기하여 중국국민당 혁명위원회를 조직하고 이른바 난창 소비에트를 선언했다. 이날 즉, 8월1일은 중화인민공화국의 건군기념일이 되었다.

베이징, 난징, 우한 세 개 정부가 할거하다

중국의 정세는 베이징, 난징, 우한의 세 개 정부가 각지를 할거했다.

북양군벌은 베이징을 근거지로 쑨촨팡, 장쭝창(張宗昌), 장쉐량이 지휘하는 일곱 개 방면의 병력으로 100만 명에 이르고 있었다.

난징의 국민정부는 탄옌카이(譚延闓)가 대표했는데, 장제스의 공식 복직을 요청하고 전당대회를 소집해 쑨원의 연소용공 정책을 공식적으로 폐기하고 정부와 군의 인사도 공산당과 좌파를 배제한 채 철저하게 장제스파로 재편했다. 장제스군은 카이펑(开封)에서 펑위샹(馮玉祥)과 회담하여 국민군의 제1집단군으로 편성하고 산시성(山西省)에서 옌시산(閻錫山)의 군대를 제3집단군으로 편입시켰다.

난징의 국민정부는 상하이를 비롯해서 자신들이 장악

하고 있는 지역에서 공산당원들을 대대적으로 숙청하고 1929년 5월이 되자 다시 북벌을 시작했다. 그 시작은 진포(난징 포구-톈진) 철도를 따라 북상하는 계획이었다. 진포철도는 화베이(華北)와 후아종(華中)을 종단하는 중요한 간선철도였다. 그 철도부근에는 산둥성을 거점으로 하는 직로군 장쭝창 부대 15만 명과 5개성의 쑨촨팡의 연합군 5만 명이, 톈진에는 장쭤린이 포진하고 있었다. 난징의 장제스 군이 장쑤, 안후이(安徽), 저장(浙江), 푸젠(福建) 등을 지배하게 되었다.

반면 우한의 국민정부는 후베이와 후난을 지배하에 두었지만 장제스 같은 강력한 군사력을 갖고 있지 못했다. 탕성즈(唐生智)의 군대가 있었지만 무장 등에서 열세였다. 하지만 우한의 국민정부는 장제스의 상하이 쿠데타 이후에 민심의 지지를 얻고 있었고, 전국 각지의 지식인들과 학생·대중·노조의 지지 기반을 확대했다. 그래서 우한의 국민정부는 산시성(陝西省)을 기반으로 한 평위샹 군대를 기다렸다. 그러나 평위샹은 장제스의 북벌과 국민혁명을 옹호하고, 공산혁명을 지지하지 않았다.

상황이 이렇게 꼬여가자 왕징웨이와 일부 세력은 1927년 7월26일 국민당에서 공산당원을 배제한다는 선언을 정식으로 발표했다. 그런데 우한의 국민정부도 형식적으로 공산당의 색출을 명령하고 체포를 지시했지만 동시에 난징의 국민정부도 타도 대상으로 규정했다. 장제스 타도를 내걸었던 것이다.

우한의 군대를 지휘하고 있는 탕성즈는 장제스 타도를 위해 난징 공격 작전에 돌입했다. 난징이 우한 국민정부의 탕성즈군에 의해 함락될 위기에 몰리자 장제스의 난징정부는 8월12일 국민당 중앙집행위와 감찰위를 개최하고 장제스의 퇴진을 요구해 장제스가 스스로 사퇴할 수밖에 없었다.

장제스, 결혼으로 송씨 재벌과 결탁하다

장제스는 총사령직에서 물러나 고향인 저장성 펑화(奉化)에 갔다가 일본을 방문했다. 이 방문에서 당시 다나카 수상과 회담을 해 양측 간의 탐색도 있었다. 장제스는 1927년 11월에 상하이로 귀국해 쑹메이링(宋美齡)과 결혼했다. 장제스 41세, 쑹메이링 27세였다. 쑹메이링과의 혼인은 장제스 군벌과 송씨 재벌과의 결탁을 의미했다.

따라서 장제스는 용공을 파기한데 이어서 아예 소련과의 모든 연대도 파기하고, 소련은행도 폐쇄했다. 이렇게 완전히 용공을 해소하고 연소도 청산했다. 쑨원-이오페•(Adolf Abramovich Ioffe)로 지속된 5년간의 코민테른과 중국 국민당 관계는 완전히 단절되었다.

장제스의 공산당 소탕작전, 국민 지지를 받지 못하다

1928년 1월 복직한 장제스는 상하이의 자본가들에게 1,500만 위안이라는 거금을 지원받아 2월 북벌군을 재편성하여 4월 2차북벌을 개시하지만 일본군과 마주쳤다. 일본과의 충돌을 피할 수 없었지만 전면전으로 확대되지 않았다. 이로써 장제스는 일본의 중국 침략에 적극적으로 대처할 의지가 없다는 것이 대내외적으로 드러나 국민적 질타를 받았다.

1928년 6월8일 장제스의 베이핑•• 점령도 평위샹, 옌

• 이오페는 소련의 외교관으로 1923년 1월 쑨원과 공동성명서를 발표하는데, 반제 통일전선을 위해 공산주의 세력과 협력을 선포하고 국공합작을 시작하게 했다.

•• 국민당은 일본군의 산둥 철수를 요구하고 베이징을 '베이핑'으로 부르기로 했다. 장제스의 국민정부는 수도를 난징으로 했기 때문에 베이징은 이후 베이핑으로 불렀지만, 중국공산당 정

쑹메이링(송미령)

시산, 리쭝런(李宗仁), 장파퀘이(張發奎)의 반란이 각지에서 재개되고 공산당에 의한 중앙구 소비에트를 조직한데 이어 후베이, 허난, 안후이 소비에트구를 잇따라 조직하면서 의미가 퇴색됐다.

각 지역의 소비에트는 펑더화이(彭德懷)에 의한 장사 소비에트 정부처럼 무장과 행정을 동시에 집행하고 중국 공산당의 정강을 구체화하고 있었다. 장시성 난창 지역에는 주더(朱德) 지휘하의 제1군단, 펑더화이의 제3군단이 도합 4만2,000명의 병력으로 편성돼 있었다. 장제스군은 공산군과의 난창 전투에서 18사단이 전멸되는 등

권이 수립된 1949년 이후 다시 베이징으로 부르게 되었다.

주더(주덕)

펑더화이(팽덕회)

실패로 끝났다. 제1차 전투와 제2차 전투에서도 공산군에 의해 참패를 당하면서 장제스군의 패배가 분명해졌다.

이때 1931년 4월16일 만보산사건에 이어 1937년 7월 7일 루거우차오사건(盧構橋事件)•이 벌어지고, 일본의 동북3성 침략의 총성이 빗발치면서 장제스의 공산당 소탕 작전은 국민들에게 환영받을 수 없었다. "침략자 일본과 싸워라", "장제스는 공산당의 손을 잡아라"는 구호가 각계 단체의 요구로 빗발쳤다.

• 1937년 7월7일 루거우차오에서 발생한 발포사건으로 중·일전쟁의 발단이 됨.

7장

노동운동과 도미 유학 준비

대공황 폭풍으로 독립운동 사정 매우 열악해지다

세계를 휩쓴 대공황의 폭풍이 전 세계를 강타하면서 상하이도 예외가 아니었다. 1927년에 일어난 세계 대공황은 1930년까지 이어져 세계적인 불황의 여파가 상하이까지 밀어닥쳐 먹고사는 문제가 심각해졌다.

미주 동포들의 후원으로 독립운동을 해가던 안창호 선생도 구멍 난 양말을 신었고, 김구 선생 등도 상하이 교민들의 집을 전전하며 숙식을 해결할 수밖에 없었다. 중국에서 활동하던 일반 독립운동가의 사정은 너무나 열악했다. 윤 의사 역시 마찬가지였다. 그래서 동생 윤남의•

• 윤봉길 의사의 동생은 윤성의(尹聖儀), 윤남의(尹南儀), 윤영의(尹英儀)가 있다.

에게 이렇게 썼다.

표류 2년에 고달픈 이 몸. 회상컨대, 달을 보며 밤새 걸은 날이 몇 번이고, 구름을 벗 삼아 잠을 잔 날이 몇 번이던가. 지나온 수많은 어려운 감회는 말로 설명하기 어렵고 글로 쓰기도 어렵다.

이런 어려움을 이겨내고 상하이에 와서 윤 의사가 우선 해결해야 할 문제는 숙식이고 생활비였다.

윤 의사, 생활고 타개 위해 인삼 장사 나서

그래서 친구들의 권유로 조선 사람들이 많이 한다는 고려인삼 장사를 시작했다. 개성인삼을 가져다가 파는 것이 아니라 큰 약재상에서 떼다 파는 인삼 장사였다. 고려의 개성인삼은 중국에서 매우 유명한 약재이고 베이징, 상하이 등지가 큰 시장이었기에 조선인들에게는 안성맞춤의 장사 품목이었다.

그러나 아무나 장사를 하는 것이 아니지 않는가. 독립

전쟁을 위해 출가한 스물셋의 젊은이, 천성이 무뚝뚝하고 고집도 보통사람보다 강한 젊은이가 서툰 중국어로 상냥하게 고려인삼을 팔 수 있겠는가. 문전박대가 다반사였다. 윤 의사가 인삼 장사에 성공했다면 상하이에서 윤 의사의 진로는 달라졌을지도 모를 일이다. 20여 일의 노력에도 불구하고 수익을 내지 못해 종내에는 인삼 장사를 접고 말았다. 칭다오에서 조금 모아둔 돈도 다 쓰고 떨어졌다.

이런 와중에 상하이에 도착한 지 얼마 안 되는 때인 1931년 만보산사건이 터졌다. 윤 의사는 만보산사건을 듣고 이내 동생 윤남의에게 다음과 같은 편지를 보냈다.

> 금번 만보산과 삼성보(三姓堡)의 사건을 보라. 그 원인이 어디에서 비롯했는고. 제1은 빼빼마른 삼천리 강산에서 생활의 고통과 경제의 구축으로 밀리어 나오게 된 것, 제2는 이 광대한 천지간 일배(一杯)의 지구상에 생존하는 그 자들이 자아를 고창하는 반면 민족차별의 관념이다.

대공황 폭풍의 해법으로 등장한 만보산사건

만보산사건은 일제가 본격적으로 만주 침략을 구체화하기 시작한 대표적인 사건이다.

조선을 침략한 일본 제국주의는 20여 년 이상 만주와 중국을 점령하기 위한 만반의 준비를 해왔다. 만몽철도와 여러 지역에 철도노선을 깔고, 각 지역의 마적과 장쭤린과 같은 군벌을 매수했으며, 친일파의 세력을 확대하기 위해 아편 밀매와 일진회의 조직을 확대했다. 관동군과 헌병대는 만몽철도와 여러 개의 철도역 주변을 사실상 점령하고, 실질적으로 동북3성을 지배하고 있었다. 일제는 산둥성에서도 뤼순, 다롄, 칭다오의 점령에 이어 내륙 진출의 기반을 닦았다.

그런데 1929년 뉴욕 증시가 대폭락하면서 미국에서 제일 먼저 터진 세계 대공황은 일본 제국주의에도 큰 타격을 가져왔다. 세계 각국이 대공황에 따른 경제 침체와 대량 실업 사태, 세계 혁명의 불길이 타오르자, 보호무역 조치와 공공투자 확대, 복지 강화 등으로 대처하면서 대공황의 여파를 줄이기 위해 애쓰고 있었다. 메이지유신을 통해 서구 열강의 정치·경제·사회의 여러 체제를 이

식하고 근대화에 성공한 일본은 쇼와(昭和)시대의 개막과 더불어 정당정치와 국민주권의 확대, 경제의 균형적 발전을 도모했다. 그러나 일본 경제의 불균형 구조는 커다란 벽에 부딪쳤다. 대공황의 타격은 수출 기업들에게 극심한 불황을 가져왔고 대량 실업에 따른 식량 부족 문제도 심각했다.

이러한 조건에서 만주와 중국이 무주공산과 같다고 생각한 일본정부와 군부는 조선 침략보다 훨씬 쉽게 만주와 중국의 일부를 점령해 일본의 부족한 자원과 식량 등을 영구히 확보할 수 있다는 공감대를 갖고 있었다.

조-중 간 연합을 깨려는 일본의 간계

창춘(長春) 근교의 만보산 지역에서 저수지 공사를 하면서 수로를 파는 작업에 동원된 조선인들이 중국 농민의 땅을 침범했다고 하여 충돌이 발생했다. 이 과정에서 조선인들의 피해가 일어났다.

그러자 『조선일보』가 1931년 7월2일자에 '삼성보 동포수난 익심(益甚) 200여 명 피습' 이라는 타이틀과 함께

'중국인 800여 명과 대치하다 조선 동포 200여 명이 피습당했다'는 허위 과장보도를 했다. 이에 흥분한 국내의 민중들을 교묘히 선동한 일본 제국주의는 인천, 서울, 원산, 평양 등지에서 화교들에 대해 폭력을 가했다. 결국 중국 화교 91명이 죽고 행방불명 49명, 부상 493명, 피해 가옥 404동, 방화 49건이 터지고 전국으로 여파가 퍼져나갔다. 조선 내 참사가 이렇게 벌어지자, 중국의 전 지역에서 반조선 시위와 폭행 등이 잇따르면서 '일본인과 같은 조선인'이라는 여론이 형성되었다.

그러나 실제 사건의 진상은 달랐다. 조선인 이승훈 등 8명이 만보산 일대의 땅 약 1,000정보를 중국인에게 빌린 것은 4월이었다. 이승훈 등은 황무지를 개간하기 위해 180여 명의 조선 농민을 불러 수로 공사를 시작했다. 수로는 중국인 토지를 가로질러야 했는데, 피해를 입는 중국 농민들이 항의해서 공사가 중단되었다. 이에 조선 농민들이 일본 측 영사관에 진정하자, 일본 경찰을 사이에 두고 양측이 대치했다. 이 대치 장소가 삼성보 근처였는데, 무력 충돌이 있었거나 다수의 살상은 더더구나 아니었다. 양측은 대치하다가 해산했다.

그런데, 관동군의 이시와라 간지(石原莞爾) 중좌가 이

만보산사건의 배경이 된 이통강 관개수로

사건을 미끼로 음흉한 흉계를 꾸몄다. 조선군 사령부의 간다(神田) 중좌에게 '수백 명의 조선 농민이 중국인들한테 맞아죽었다'고 조작하자고 제의했고, 간다 중좌는 경무국의 고등경찰간부들과 회의를 연 뒤 바로 기자들에게 공식 발표했다. 이를 받아서 『조선일보』가 호외로 대서특필한 것이다.

이런 일본의 간계를 간파한 윤봉길 의사는 조-중이 힘을 모아야 일본의 침략을 저지할 수 있는데, 만보산사건이 거꾸로 조-중 간의 민심을 더욱 악화시키고 있으니 걱정하지 않을 수 없었다.

윤 의사, 모자 공장에 취업하다

만보산사건을 예의주시하던 윤봉길 의사는 프랑스 조계에 있는 말 털로 모자를 만드는 '종품공사'의 노동자로 취업했다. 이 종품공사는 일부 자료에 회사 명칭이 '미림공사'로 되어 있는데, 윤 의사가 직접 쓴 편지에 종품공사로 되어 있고, 일제가 기록한 심문조서에도 종품공사로 쓰여 있다. 1931년 8월15일에 동생인 윤남의에게 보낸 편지에서 종품공사 직공 생활을 하고 있다고 쓴 것으로 볼 때 그 이전에 공장 생활을 시작한 것으로 보인다.

> 남의 주머니에 금이 들었는지, 똥이 들었는지 누가 알리오. 와서 보니 또 닥치는 금전 곤란이다. 그럼으로 중국 종품공사 직공이 되었다.

모자를 제조하는 기술은 몇 달은 배워야 완성할 수 있는 일이었다. 그렇지만 윤 의사는 천성이 부지런하고 한 번도 공장의 생산공정에서 일해본 경험이 없는데도 눈썰미와 타고난 체력으로 모자를 만들어내는 숙련공이 되었다. 일반 동료들이 하루에 보통 두 개를 만드는데 윤 의사는 서너 개를 만들 정도로 속도가 정말 빨랐다. 모자 두 개를 만들면 하루에 1원20전을 버는데 윤 의사는 1원 50전을 벌었다.

윤 의사는 고향에서 여러 농민단체와 '월진회' 같은 조직을 직접 만들고, 조직 생활을 해본 경험과 이론도 있었기 때문에 직원들의 실태를 속속들이 파악해 조직 작업에 착수했다. 모자 만드는 노동자들은 17명이 일하고 있었는데 사소한 일에도 서로 다투었다. 이는 개개인들의 생활이 어려워진 데 있었고 대개 돈과 관계된 사소한 충돌이 유혈 사태로 번지곤 했다.

윤 의사가 일한 종품공사는 조선인 박진과 중국인이 공동출자한 회사였다. 회사 운영의 어려움은 주로 원료가 제때 공급되지 않아서였다. 노동자들이 생산을 제대로 못 하면서 자연히 소득도 들쭉날쭉했다. 그래서 윤 의사는 왜 원료가 제때 공급되지 않는지를 알아보니, 공장주의 말처럼 시국이 불안한 요인도 있지만 공동 경영주의 다툼 때문에 원료 조달이 제때 이뤄지지 않는 것이었다.

노동자 친목회를 구성하다

윤 의사는 함께 일하는 동료 가운데 신망이 있는 몇 사람들에게 당면한 문제를 어떻게 풀어야 할지 의견을 물었다. 그들의 대답은 윤 의사의 생각과 같았다. 노동자들이 단결해야 회사 측의 일방적인 임금 삭감과 부당한 처우를 바로잡을 수 있다는 것이다. 윤 의사는 친목회를 만들어 동료들 간의 분위기도 바꾸고 뜻을 나누어 함께 도와 가자고 제안했다. 똑똑하고 부지런하고 믿음직한 윤봉길 의사가 나서자 모두가 동의했다.

이때부터 서로 싸우던 분위기가 바뀌고 서로 아끼고 돕는 분위기가 되자 생산성에도 훨씬 효율적이었다. 하루에 모자를 세 개 만들던 사람도 친목회가 출범한 이후부터 다섯 개 이상의 모자를 제조하게 되었다.[1]

윤 의사는 친목회를 조직하면서 회비에서 중국과 한국 신문 두 종과 몇 개의 잡지를 구독하여 노동자들의 지식을 넓히는 데 쓰고, 또 새로 들어오는 신입 직원들의 생활비도 보태주었다. 윤 의사는 남몰래 어려움을 겪는 동료들을 아낌없이 도왔다. 이런 사정을 알게 된 동료들이 윤 의사의 복스러운 행동에 감동했다.

임금 삭감에 항의하다 해고되자 파업을 강행하다

그렇지만 이렇게 생산량이 증가하자 회사 측은 기뻐하기는커녕 오히려 회사의 수익을 더 올릴 속셈으로 모자 한 개를 제조하면 임금을 4각(角)5푼(分)으로 하던 것을 3각(角)5푼(分)으로 낮추었다.

회사 측이 늘어난 생산량만큼 노임을 더 주기는커녕 오히려 노임을 삭감하려 하자 윤 의사는 분노했다. 그래서 종품공사 동료들은 공임을 내리려는 방침을 철폐하라고 주장했다. 윤 의사는 친목회 간부들과 공장주를 찾아가 모자 제조 과정에서 말 털의 원료 가격과 모자의 시장 판매가를 수치로 보여주면서 직원들의 공임을 원상회복할 것을 요구했다.

그러면서 두 가지 요구 사항을 제시했다. 첫째, 공장주 측의 이견으로 원료를 공급하지 못했을 때는 이전의 공임을 주고, 둘째, 새로 들어온 견습생이 직공이 될 때까지 공장주 측에서 적당한 돈을 빌려주어 생활을 보장해 달라는 내용이었다. 공장주는 윤 의사의 정당한 요구를 수용하거나 협상하기는커녕, 이번 일을 선동한 사람이 윤봉길과 친목회의 주사(主事)인 서상석(徐相錫)이라고 판단하여, 두 사람을 해고했다.

해고 소식을 들은 노동자들은 윤봉길과 서상석의 복직을 요구했다. 아울러 임금 인하를 취소하라는 구호를 내걸고 파업에 돌입했다. 이 파업 소식은 얼마 되지 않는 1,000여 명의 교민사회를 흔들었다. 교민 사이에 갑론을박이 벌어지고 사태의 소식을 알게 된 사람들은 공장주인 박진을 비난했다. 상하이 무산자연맹은 3월 초에 성명을 내 윤봉길의 복직과 임금 인하를 취소하라는 노동자들의 파업을 지지하고 조속한 타결을 요구했다.

그때 상하이에 머물고 있던 안창호 선생과 윤봉길 의사와 친밀한 관계를 맺고 있었던 이유필 교민단장이 중재에 나서 공장주는 복직에 동의하고 노동자들은 작업에 복귀하기로 합의했다. 그렇지만 공장주는 중국인의 반대를 구실로 네 개 항의 조건을 수용한다면 복직을 허용하겠다며 차일피일 시간을 끌었다. 애초에 공장 생활이 목표가 아니었던 만큼 윤 의사는 공장 생활을 끝내기로 결정했다. 상하이 총영사가 본국의 외무대신에 보낸 보고서에 이 시점이 2월경으로 된 것을 보아 1932년 2월 말에서 3월 초순이었다.

이 짧은 공장 생활에서도 윤봉길 의사의 고향 예산에

서 전개했던 야학과 협동조합, 수암체육회, 월진회와 같은 농민조직 활동 경험과 탁월한 리더십은 유감없이 발휘되었다.

『윤봉길전』에 드러난 도미 계획과 영어 공부

윤 의사의 도미 계획과 영어 공부 문제는 그동안 상하이 생활과 관련해서 전혀 알려지지 않았던 것이 사실이다. 그동안 상하이에서 인삼 장사와 모자 공장, 야채 장사 등을 하다가 폭탄 투척을 했다는 정도만 기록되었다. 그런데 최근에 모자 공장에서 파업투쟁으로 해고된 노동운동 경험이 있으며 도미 계획과 영어 공부를 한 사실, 또 그런 일들의 목적이 거사를 하기 위한 준비 작업이라는 사실이 새롭게 드러났다.

그동안 윤 의사의 상하이 의거는 항일독립투쟁에서 안중근 의사의 이토 히로부미 저격에 이은 가장 빛나는 의열투쟁이었음에도 '김구의 거사 지시에 따른 폭탄 투척'이라는 『백범일지』의 내용을 크게 벗어나지 못했다. 항일운동사를 연구하는 연구자들도 더 깊이 파고들어 윤

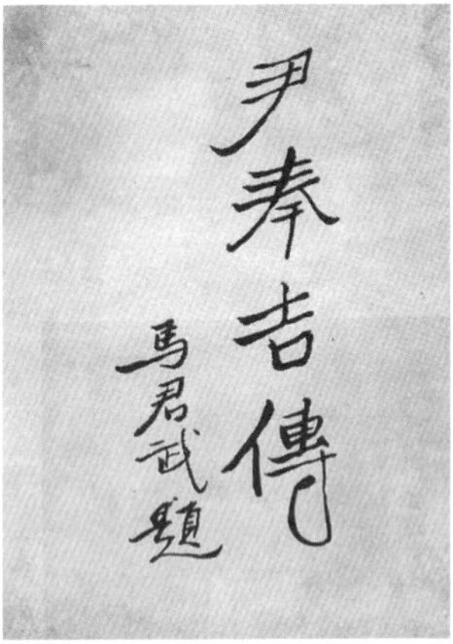

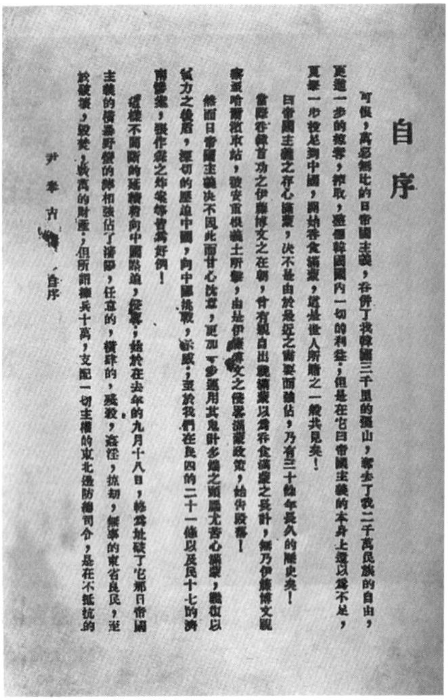

自序

可恨，萬惡無比的日帝國主義，吞併了我韓國三千里的錦山，奪去了我二千萬民族的自由，更進一步的搾奪，榨取，盡佔韓國國內一切的利益，但是在它日帝國主義的本身上還以爲不足，更擧一步移足到中國，開始吞食滿蒙，這是世人所瞻之一般共見矣！

日帝國主義之存心滿蒙，決不是由於最近之[illegible]而[illegible]，乃有三十餘年長久的歷史矣！當際吞併首功之伊藤博文之在朝，曾有親自出張滿蒙以爲吞食滿蒙之長計，無乃伊藤博文睨牽至哈爾濱車站，被安重根義士所擊，由是伊藤博文之從暴滿蒙政策，始告[illegible]！

然而日帝國主義決不因此而甘心洗手，更加一步運用其鬼計多端之頭腦尤害心滿蒙，繼復以武力之後盾，深切的壓迫中國，向中國挑戰，[illegible]，至於我們在民四的二十一條以及民十七的濟南慘案，張作霖之炸案等皆爲好例！

這樣不間斷的延續着向中國路進，從事，始於在去年的九月十八日，終爲扯破了它那日帝國主義的橫暴野蠻的亦相強佔了瀋陽，任意的，橫肆的，殘殺，姦淫，搶劫，無辜的東省良民，並於破壞，毀焚，我萬的財產，但所謂擁兵十萬，支配一切主權的東北邊防總司令，是在不抵抗的

尹奉吉[illegible] 自序

김광의 저서 『윤봉길전』

의사의 구체적인 상하이 생활과 인간관계, 칭다오, 평안도 선천 등지에서 활동한 내용을 살펴야 하는데 그러지 못했다.

윤 의사의 종품공사 파업과 해고 사건이라는 노동운동 사실은 이미 국내 언론에까지 보도됐기 때문에 도미 계획과 영어 공부 문제를 깊이 있게 접근할 필요가 있다. 윤 의사는 왜 갑자기 도미 계획을 세우고 영어 공부를 하게 되었을까. 이에 대한 증언 기록은 『윤봉길전』이라는 전기에 기록되어 있어 상하이 생활과 거사 계획의 미스터리를 풀 열쇠가 되었다. 『윤봉길전』을 쓴 저자는 '김광'이라는 가명으로 윤 의사에 대해 매우 자세하게 기록하고 있다. 당시 상황에서 윤 의사의 육성 고백을 직접 듣지 않고서는 쓸 수 없는 내용들이 많이 기록되어 있다. 김광은 고향 예산에서 전개한 여러 활동에 관한 사실들도 그렇고 상하이 생활에 관한 일도 보안을 지켜야 할 것은 지키면서 최대한 윤 의사의 진면목을 드러내기 위해 노력했다. 이 책에는 직접 함께 나누지 않았다면 알 수 없는 내용이 많다. 거사 결심 이후의 내용은 윤 의사가 동생뻘인 김광에게 유언처럼 남긴 것으로 보인다.

'김광'의 본명은 고영선

『윤봉길전』의 저자가 본명을 쓰지 않은 데는 그럴만한 이유가 있었다. 대부분의 독립운동가들이 항일투쟁 과정에서 일제의 탄압과 정보기관의 촉수를 피하고 독립운동을 지속하기 위해 가명을 많이 썼는데, 저자 '김광'도 가명이었다. 김광은 광복군 총사령부 정훈처의 선전부 과장의 직책을 맡아 활동한 인물이다. 그의 본명은 고영선(高榮善)[2]이다. 김광은 본명 고영선으로, 흥사단 단우명부에 가명이 김광으로 기록돼 있기 때문에 고영선이 확실하다.

고영선은 황해도 해주 출신으로 해주고등보통학교를 졸업하고, 상하이로 와서 양애삼 단우의 추천으로 1931년 1월에 흥사단에 입단한 인물이다. 그 당시에는 기차공사의 감독으로 근무하고 있어서 비교적 다른 교포나 독립지사들에 비해 생활은 안정적이었다. 특히 중요한 사실은 김광의 거처로 알려진 집인 태평촌은 바로 흥사단 원동위원부 사무실이 있고, 도산의 거실, 폭탄 투척 활동 등을 한 독립운동가 임득산 가족, 도산의 처남이었던 이두섭, 안태국의 사위 홍재형, 구익균 등의 독립운동가들

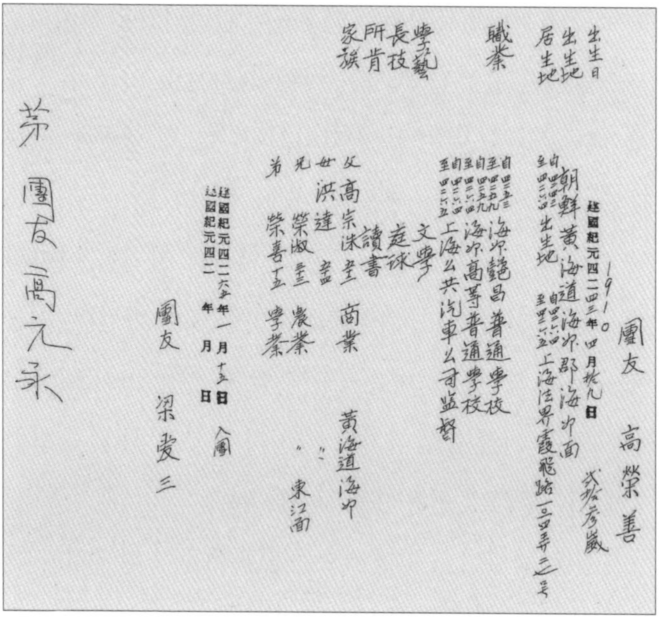

'김광'이라는 가명을 쓴 고영선의 흥사단 단우 이력서[3]

도 살고 있었다. 그런 김광(본명 고영선)과 10개월 정도 윤봉길 의사는 한 방을 썼다. 상하이 생활의 대부분을 한 건물에서 도산 안창호 선생과 관련된 인물들과 함께 생활한 것이다.

누가 김광과 한방을 쓰도록 권유했고, 그 과정에서 윤 의사가 어떻게 도미 유학을 준비하고 영어 공부를 하게 됐을까. 아마 이 과정에는 이유필과 교민단 총무 최석산, 김동우 등 흥사단원동위원부 단우들이 관련되었을 것이다.

그렇다면 윤봉길 의사는 어떤 생각으로 미국 유학을 계획한 것일까. 이는 분명 고영선이나 도산 안창호 선생과의 면담이 계기가 됐을 것이다. 세계정세와 독립운동의 현실에서 전도유망한 윤봉길 의사의 자질을 아까워한 도산이 자신의 미국 생활을 들려준 것이 아닐까. 도산이 노동을 하면서 얼마든지 공부할 수 있는 곳이 미국이니 세계가 어떻게 돌아가고 있는지 공부를 하고 독립전쟁에 뛰어들라고 권유했을 것이다.

도산은 상하이로 망명해오는 젊은이들이 많아지자 난징에 동명학원[4]이라는 유학 준비기관을 세워 운영했다. 1,500평의 땅에 1924년 3월3일에 건물을 짓고 어학 중심으로 학원을 운영했다. 또 대학 입학을 위해 예비 과정을 설치해 대학 진학에 도움이 되도록 했다. 학생들은 40~80명이 청강했다. 그런데 이 동명학원 건물에 불이 나는 바람에 휴교하고 다시 열었다. 4·19학생혁명 때 교수단의 시국선언이 매우 중요한 역할을 했는데, 이 시국선언을 주도한 연세대 정석해 교수가 이 동명학원 출신이다.

유학 준비 과정을 설명해주고 윤 의사에게 대공황의

도산이 중국 난징에 설립한 동명학원 창립기념(1924년 3월)

혼란과 일본의 도발이 머지않아 패착으로 끝나고 조국 독립의 기회가 올 것이니 영어 공부를 해보라고 도산 안창호 선생이 권한 것이다. 윤봉길 의사는 낮에는 종품공사에서 말총 모자를 만드는 일을 하고, 저녁에는 영어학원에 나가 기초적인 영어 공부를 했다.

하지만 일본군부의 상하이 침공이 벌어져 상하이 시가 쑥대밭이 되고, 비행기에서 포탄이 퍼붓고 전차가 민가를 박살내서 상하이 외곽의 도로에 시체가 넘쳐나는 조건에서 독립운동 지도자들과 청년 독립운동가들은 이 비상 상황에 어떻게 대처할 지에 대해 심각한 토론을 벌였다. 김광, 임득산, 최석산 같은 흥사단 사람들과 안공근, 정화암, 유석기 등과 같은 무정부주의자 그룹도 함께 했다. 그 결과 윤 의사는 단호하게 자신이 목숨을 던질 때가 왔다는 것을 알았다. 동지들에게 거사 결심을 알리고 3월 하순에 도산 선생과 여러 독립운동가들의 거처가 모여 있는 김광의 집에서 나왔다. 그들의 신변을 보호하고 거사 준비를 하기 위해서였다. 흥사단 단우인 계춘건의 집으로 거처를 옮기고 준비에 들어갔다. 채소 장수로 위장하고 홍커우 공원과 그 주변을 면밀히 살폈다.

8장

칭다오(靑島) 생활

한일진과의 칭다오행

단둥(丹東)에서 칭다오(青島)행 배를 탄 것은 1930년 3월 31일이었다.• 일본 기선(汽船) 광리환(廣利丸)을 한일진과 함께 탔다. 한일진은 조선 독립의 길이 잘 보이지 않으니 미국으로 가서 노동을 하면서 공부하고자 했다. 그래서 칭다오까지 같이 온 것이다. 4월 초였다.

그때 미국행 배편은 칭다오에서 일본을 거쳐 미국으로 가는 경로로 수월한 편이었다. 그런데 한일진에게 문제가 생겼다. 미국행 배 삯을 알아보았더니 한참 모자란

• 단둥에서 칭다오로 출발한 날짜는 이상재, 윤규상은 1930년 10월로 보고, 김상기는 1930년 3월31일로 기록했다. 김광의 『윤봉길전』은 칭다오 생활을 딱 1년으로 표현했다. 상하이로 출발한 시기가 1931년 5월3일이니 단둥에서 칭다오로 출발한 날짜는 1930년 3월31일이 맞아떨어진다. 윤 의사로부터 직접 들은 증언자의 기록이니 신빙성이 높다.

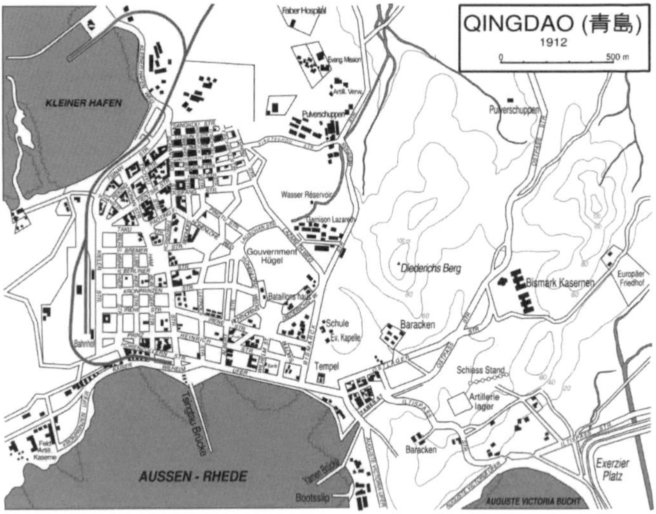

당시 칭다오 지도

것이다. 한일진이 윤 의사에게 사정을 털어놓자, 윤 의사는 주저 없이 한일진에게 자신이 갖고 있던 돈을 털어서 주었다. 윤 의사의 친구에 대한 태도가 이러했다. 언제 만나게 될지도 모르는 사람에게 자신이 가진 것을 모두 털어서 던진 것이다. 자신은 칭다오에서 노동을 해서 벌면 되니 어서 빨리 미국행 배를 타라고 했다.

이렇게 윤 의사의 도움으로 미국으로 떠난 한일진은 윤 의사 거사가 성공한 직후에 윤 의사의 고향집에 자신이 미국행 배를 탈 때 빌린 돈이라고 하면서 처음에 25달

칭다오에서 찍은 윤봉길 의사 사진(1930년)

러, 다시 150달러, 합 175달러를 부쳐왔다. 한일진 역시 윤 의사의 태도에 감명받았던 것이다. 돈을 빌려준 윤 의사가 사형당한 마당에 아무도 모르는 돈을 갚은 한일진의 양심도 윤 의사가 보여준 담백하고 의리 있는 처사에 힘입은 것이 아니었을까. 서로 의지가 됐던 한일진이 떠나자, 윤 의사는 이제 철저하게 외국에서 외톨이가 되었다. 낯선 땅 칭다오가 아닌가.

베이징 방어의 전략적 고지이자 관문인 칭다오

당시 칭다오는 독일인 선교사 피살 사건을 구실로 독일이 강제로 점령한 독일 조차지로 있다가 제1차 세계대전에서 독일이 패하자 일본 차지가 되었고, 일본은 칭다오를 산둥성 공략을 위한 전초 기지로 만들었다. 인근 웨이하이(威海)에는 영국 조차지•가 있었다. 칭다오 거리는 유럽풍의 건물과 천주교 성당 등이 즐비해서 중국의 항구 같지 않았다. 칭다오항은 또 리훙장(李鴻章), 위안스카이의 군사력의 핵심인 북양함대의 근거지이기도 했다. 당시에는 장쉐량의 군대가 장제스를 지지하며 베이징, 톈진, 칭다오 등지에 군사력을 집중 배치하고 있었다. 칭다오는 다롄, 톈진과 함께 베이징 방어를 위한 전략적 고지이면서 관문이었고, 산둥성의 지난(濟南)으로 진출하기 위한 거점이었다. 각 지역에는 일본의 조차지처럼 운영되는 구역이 있었다.

일본의 군국주의 세력은 동북3성을 관동군의 지배하에 두면서 중국 본토의 침공을 위한 철저한 군사적, 정치

• 한 나라가 다른 나라로부터 일시적으로 빌려 통치하는 영토. 당시 영국의 홍콩, 포르투칼의 마카오, 독일과 일본의 칭다오가 대표적이었다.

적 준비 작업에 몰두했다. 이를 위해서 일본군은 만주철도와 진포철도(텐진, 지난, 쉬저우, 푸커우, 난징)의 역참에 군수물자를 비축할 수 있도록 하고, 민간인으로 위장된 편의대를 각 지역에 배치하고 있었다. 각 지역의 민간 일본인 거류민단에는 사복으로 위장한 무장부대가 배치되었다. 여차하면 동북3성과 산둥성과 평위샹 지역을 군사적으로 장악하겠다는 것이다.

이미 각 지역의 군사 거점에는 일본군이 배치되어 있었다. 1901년에 의화단사건 이후 신축조약에 의거, 철도보호를 위한다는 구실로 산하이관(山海關), 친황다오(秦皇島) 등에 군대를 주둔시켰다. 산하이관에는 5,000명의 일본군대가 주둔했기에 연안의 주요 항구에도 일본군의 촉수가 뻗어 있었다.

한편 장제스는 일본군의 이런 침략 공세에 대처하기보다는, 내부의 적으로 규정한 공산군 완전 소탕을 목표로 움직였다. 하지만 제1차, 제2차 소탕전의 실패 이후 제3차인 1931년의 공산군 소탕전도 실패로 돌아갔다.

윤 의사가 칭다오에서 상하이로 출발한 이후 상하이에서 노동하고 있을 때, 11월7일 장시성 루이진(瑞金)에서 중화 소비에트 정부를 만들어 마오쩌둥이 주석이자 홍군 총사령관이 되었다. 주더(朱德)가 중앙혁명군사위원회 책임자로 선출되어 실질적으로 홍군을 지휘했다. 이때 공산당 세력이 확대되고 있는 지역은 허난, 후베이, 안후이 등 3개 성이었다. 이곳에는 세 개의 소비에트 구(區)가 있어서 쉬샹첸(徐向前)의 제4방면군 8만, 허룽(賀龍)의 제2집단군 4만, 공화총의 상악감군 2만, 합계 14만의 대군을 형성하고 있었다. 이들의 군사력은 우한정부를 외곽에서 둘러싸고 있는 형국이었다. 홍군은 농촌에서 도시를 공략한다는 전략 방침에 따라 각 군이 산악과 농촌 지역을 본거지로 구축한 뒤 유격대 등을 운영하고 있었고, 마르크스호와 레닌호라고 명명한 두 대의 비행기도 갖고 있었다.

이런 중국 내의 내전이 치열하게 전개되고 일본의 본토 침략 야욕이 구체화 되는 시점에 일본의 중국 침략 거점인 칭다오에서 윤 의사는 조국 독립전쟁에 어떻게 참여하고 또 무슨 행동을 해야 할 지에 대한 고민이 떠나지 않았다. 갈 길이 첩첩산중이었던 것이다.

칭다오 봉천로에 있는 일본인 세탁소에 취직하다

윤봉길은 일단 생활고를 해결하기 위해 조선인으로 '송죽당'이라는 음식점을 운영하고 있는 황익성의 도움으로 일본인 나카하라 겐자로(中原兼次郎)의 세탁소에 취직할 수 있었다. 조선인이 운영하는 '송죽당'이라는 식당은 윤 의사가 칭다오 시내를 구경하다가 우연히 찾아간 가게였다. 송죽당의 주인인 황익성은 윤봉길이 진지하게 자신의 포부를 얘기하고 상하이에 가기 위해 여비를 벌고 싶다는 얘기를 듣고 적극적으로 여러 사정을 수소문해서 일본인이 운영하는 세탁소를 소개해주었다. 예산에서 배운 간단한 일본어가 큰 도움이 되었다.

칭다오시 봉천로에 있는 세탁소에서 열심히 일을 하고 틈나는 대로 신문·잡지를 구독하여 복잡하게 전개되고 있는 중국 정세와 항일독립운동에 대한 정보도 취득했다. 조선을 떠나올 때 여비로 빌린 월진회 공금 60원도 돈이 모이자 우선적으로 부쳤다. 공금이었기 때문이다. 어느 정도 생활이 안정되자 윤봉길은 동포들을 부지런히 만나고, 뜻이 맞는 몇 사람과 토론회도 열고 활발하게 조국 동포들이 처한 참상을 알리고, '조선 독립만이 살 길'

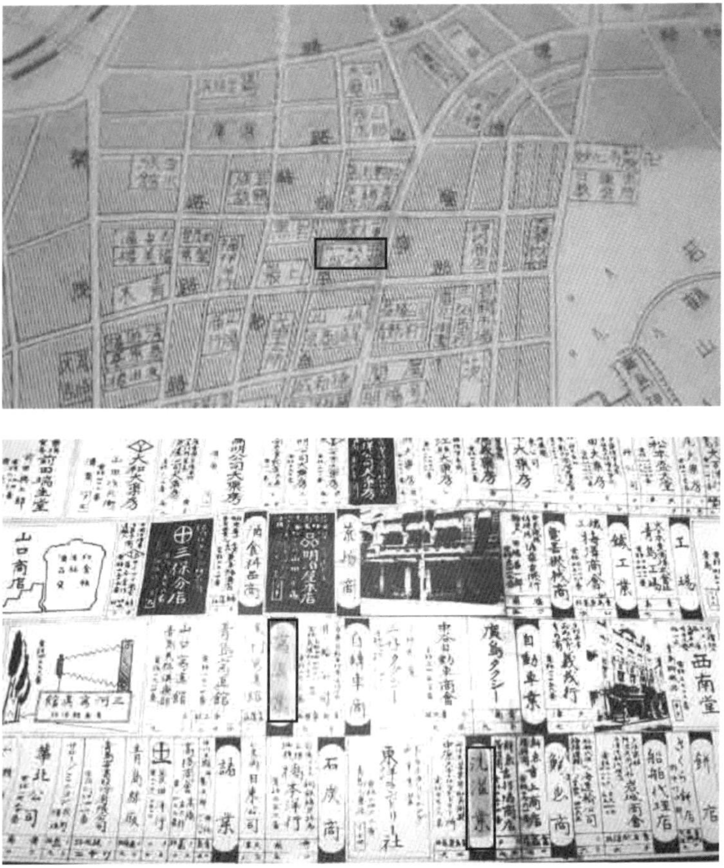

윤봉길 의사가 칭다오에서 일했던 세탁소가 있던 봉천로(奉天路) 지도를 최초 확인하는데 결정적 역할을 한 1931년판 중국상공지도집성(위), 대일본직업별명세도(아래)

이라고 역설했다.

칭다오에서 본 일본의 위력

그런데 칭다오에서 바라본 조선의 상황과 일본의 위력은 식민지 조선의 예산에서 바라보던 것과는 판이했다. 특히 일본의 중국 침략이 주도면밀하고 이 칭다오에까지 마수가 뻗친 것을 보면, 중국이 정말로 대처할 수 있을까 하는 점에 의문이 들었다. 섬나라 일본이 아무리 근대화를 일찍 이뤘고 군사력을 갖췄다 하더라도 거대한 중국의 국토와 수십 배가 넘는 인구를 어떻게 감당할까 싶었다. 어쩌면 강도 일본이 깐죽대며 달려들다가 깨지면 그때 조선 독립의 기회가 올지 모른다고 생각하기도 했다.

이즈음 장제스는 북벌을 핑계로 상하이의 혁명 세력을 잔인하게 죽이고, 각지의 공산당을 제거하는 데 혈안이 되어 있었다. 장제스는 쑨원의 국공합작보다 공산당을 소탕하는 일이 먼저라고 생각하고 필요하면 일본의 지원도 받을 수 있다고 여겼다.•

반면에 중국공산당은 항일을 깃발로 토지개혁을 내걸어 농민과 지식인들의 지지세를 넓혀갔다. 각 지역에 장제스의 북벌군에 대항할 수 있는 소비에트와 농민군으로 구성된 군대조직을 정비하고 있었다. 어찌 될 것인가!

편지로 전한 부모보다 더 '강의한 사랑'

중국 상황의 전개에 온 신경이 가 있는 가운데, 고국에서 부친 어머니의 편지를 받았다. 어머니는 친정집에 가 있는 사이에 아무 말도 없이 부모와 처자식을 버리고 집을 떠난 아들이 원망스러웠다. 아니 무엇이 모자라서 낯선 타향에 가서 돌아다닌단 말인가. 일찍이 조숙해서 한시를 짓고 야학과 농민회 활동을 하는 출중한 자식인줄 알았는데, 집을 떠날 줄은 정말 몰랐다. 멀쩡한 자식을 꼭 잃어버린 것 같았다. 몸도 튼실하고 제 또래 아이들보다 언제나

• 장제스는 1927년 가을 국민혁명군 총사령직에서 퇴진한 뒤 고향 펑화(奉化)에 갔다가 9월29일 상하이호로 일본의 나가사키에 도착하여 10월5일 수상 다나카와 회담했다. 이 자리에서 장제스는 성의로써 양국이 협력해야 한다고 했으나 다나카는 북벌에 찬성하지 않으면서 남방평정을 주장했다. 이후 그의 아들 장징궈(蔣經國)는 일본에 드나들면서 대일 창구 역할을 했다.

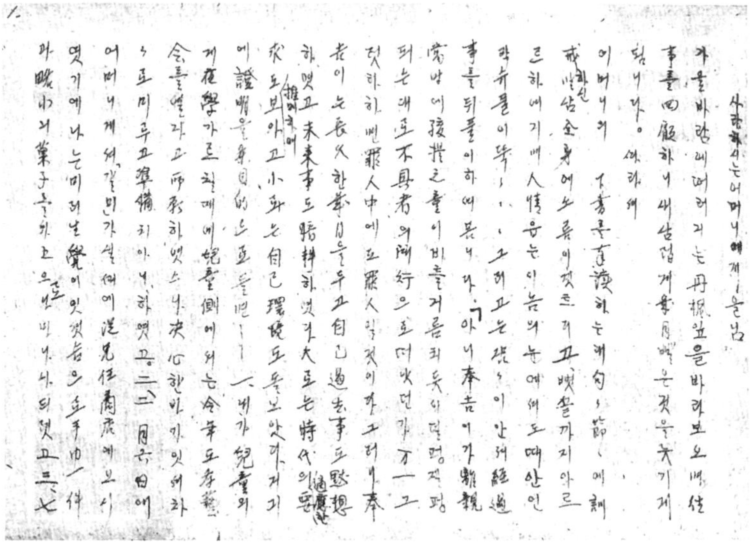

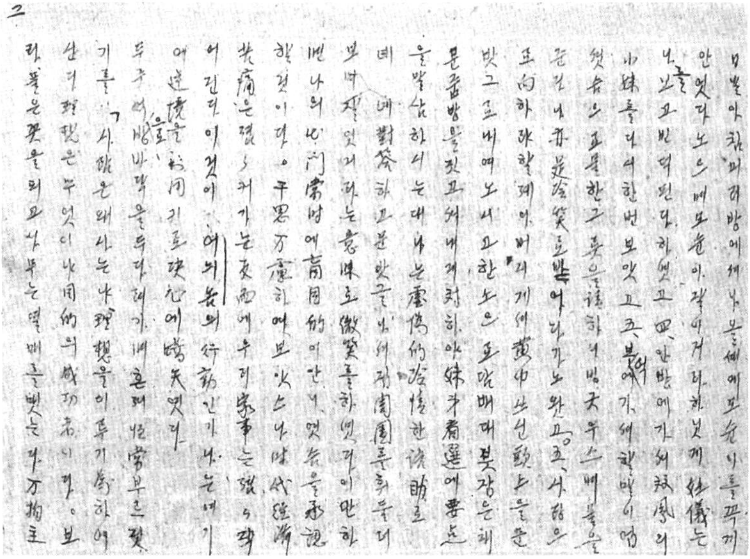

윤 의사가 칭다오에서 어머니에게 보낸 두 번째 편지(1930년 10월18일)

어른스러워서 잔소리가 필요 없는 장남이 아니었던가.

하지만 윤봉길은 '장부출가생불환'의 뜻을 밝히고 출가했으나 어머니에게 자신의 생각을 명확히 말씀드리고 나오지 못한 것이 내내 마음에 걸렸다. 1930년 10월18일에 어머니께 올리는 편지를 썼다.

사랑하시는 어머니에게 올림

가을바람에 떠러지는 丹楓(단풍)잎을 바라보오며, 往事(왕사)를 回顧(회고)하니 새삼럽게 세월 빨은 것을 늣기게 됩니다. 따라셔 어머니의 下書(하서)를 奉讀(봉독)하는데 句句節節(구구절절)에 訓戒(훈계)하신 말삼 全身(전신)에 소름이 끽트리고 뼛끝까지 아르르하여지며 人情(인정)읍는 이놈의 눈에셔도 때 안인 락슈물이 뚝뚝뚝뚝 그러고는 쟘쟘이 안져 앉아 經過事(경과사)를 뒤풀이하여 봅니다. 아니 奉吉(봉길)이가 離親(이친) 當時(당시)에 孩提之童(해제지동)이 비틀거름 치듯이 덜펑질펑 되는대로 不具者(불구자)의 所行(소행)으로 떠났던가? 方一(방일) 그럿다면 罪人(죄인) 中(중)에도 죄인될 것이다. 그러나 奉吉(봉길)이는 長久(장구)한 세월을 두고 자기 過去事(과거사)도 默想(묵상)했고 未來事(미래사)도 暗料(암료)하엿다. 大(대)로는 特大(특대)

의 適應(적응)한 要求(요구)도 推測(추측)하여 보앗고, 小(소)로는 自己(자기) 環境(환경)도 돌보앗다. 거기에 證明(증명)을 條目的(조목적)으로 들면…

一, 내가 아동의게 夜學(야학) 가르칠 때에 兒童側(아동측)에셔는 今年(금년)도 學藝會(학예회)를 열자고 소원(所願)하엿스나 내 決心(결심)한 바 잇셔 차차로 미루고 準備(준비)치 아니 하엿고,

二, 二月(이월) 六日(육일)에 어머니게셔 갈미 가실 때에 從兄(종형) 往(왕) 商店(상점)에 오시엿기에 나는 미리 다른 生覺(생각)이 잇셧슴으로 手巾(수건) 一件(일건)과 略少(약소)의 菓子(과자)를 外上(외상)으로나마나 사 드렷고,

三, 七日(칠일)날 아침 머리방에셔 나올 쌔에 모순이를 꼭 안엇다 놓으며, 모순아 잘이거라 하닛게 妊儀(임의)는 나를 보고 빈덕댄다 하엿고,

四, 안방에 가서 雙鳳(쌍봉)의 小妹(소매)를 다시한번 보앗고,

五, 부엌에 가서 할 말이 업셧슴으므로 물 한 그릇을 請(청)하니 빙긋 웃으며 물을 준다. 나 역시 냉소로 받아다가 노왓고,

六, 사랑으로 향하려 할 제 아버지께서 黃巾(황건) 쓰신 頭上(두상)를 문 밧그로 내여 노시고 한 소으로 담배대를 붓잡은 채 문줌방을 짓고써 내게 對(대)하야 妹弟(매제) 看選(간선)에 要點(요점)을 말삼하시는대 나는 云爲的(운위적) 冷情(냉정)한 語調(어조)로 네네 對答(대답)을 하고, 문밧글 나셔 집 周圍(주위)를 휘 들러보며, 잘 잇거라는 의미로 짐짓 微笑(미소)를 하엿다. 이만하면 나의 出家(출가) 當時(당시)에 盲目的(맹목적)이 안니엿슴을 承認(승인)할 것이다. 千思萬處(천사만처)하여 보앗스나, 現代(현대) 經濟(경제) 苦痛(고통)은 점점 커가는 反面(반면)에 우리 家事(가사)는 졈졈 작어진다. 이것이 어늬 놈의 行動(행동)인가 나는 여기에 逆境(역경)을 採用(채용)키로 決心(결심)에 嚆矢(효시)엿다.

두 주먹 방바닥을 두다려가며 혼자 恒時(항시) 부르짓기를

「사람은 왜 사는냐 理想(이상)을 이루기 위하야 산다. 理想(이상)은 무엇이냐 目的(목적)의 成功者(성공자)이다. 보라, 풀은 꼿을 피고 나무는 열매를 맷는다.

萬物主(만물주)가 되는 나도 이상의 꽃을 피고 目的(목적)의 열매가 맷기를 自信(자신)하엿다. 그리고 우리 靑年

時代(청년시대)는 父母(부모)의 사랑보다 兄弟(형제)의 사랑보다, 妻子(처자)의 사랑보다도 一層(일층) 더 剛毅(강의)한 사랑이 잇을 것을 覺悟(각오)하엿다. 나는 雨露(우로)와 나의 江山(강산)과 나의 부모를 버리고라도 이 길을 떠나여간다는 결심이엿다.」

어머니, … 어머니 말삼대로 지금 집안 事情(사정)에 依(의)하며 歸省(귀성)한다면 졔가 할 일이 무엇이겟슴니가. 아만 生覺(생각)하여 보아도 할 사업이 업슬 것 갓술다. 저도 客地(객지)에 나와 多少(다소) 困難(곤란)을 격은바, '이러져러' 하는 農村(농촌)에 많은 憧憬(동경)이 잇슴니다. 그러나 우리 田畓(전답)을 가지고 일하는 家丁(가정) 하나 두엇스면 아버지게서 넉넉히 하실 터인대 우리 집뿐만 아니라 經濟的(경제적) 殺氣(살기)가 多角的(다각적)으로 빗치는 우리 朝鮮人(조선인)의 生活(생활) 安定(안정)을 누가 능히 할까요.

그럼으로 最後(최후) 結論(결론)은 저도 逆境(역경)에 奮鬪(분투)하는 몸아라 非運命設(비운명설)을 主張(주장)하고 싶으나, 過去(과거)의 歷史(역사)를 보아 運命設(운명설)을 仝여(전혀) 否認(부인)할 수도 없으니 모든 것을 다 運命(운명)에 맷기시고 안심(安心)하기시를 伏望(복망)하옵니다. 조희는 잇어도 봉투가 붓풋 할듯하야 이만 놋슴니다.

아버지 발 병환과 宅內(택내) 安候(안후)도 문잡지 못함니다.

十月 十八日 子 上書[1]

(10월 18일 자 상서)

윤 의사는 이렇게 자신의 소신을 분명하게 말씀드리고 자신의 인생 목표를 찾았다며, 부모형제와 처자식보다 더 굳건한 사랑, 강의한 사랑을 찾아 집을 떠난 것이니 걱정하지 마시라고 말씀드렸다.

윤봉길이 남긴 '장부출가생불환'이라는 유명한 출사표 못지않게 또 하나 '강의한 사랑'이라는 말은 매우 인상깊다. 이 말은 이 땅의 민주화와 조국통일을 위해 청춘을 바친 젊은이들의 정서를 잘 표현해서 민주투사들이 가슴에 품고 있던 마음이기도 하다. 필자는 중학교 시절에 이 윤 의사의 편지를 읽고 그렇다! 개인의 출세나 연애가 중한 게 아니라 '강의한 사랑'이 소중하다고 여겼다. 그래야 청소년들의 '강의한 사랑'이 강철 같은 사랑이 되어 조국통일과 군사독재의 엄혹한 현실을 이겨내고 민주화라는 큰 길을 걸어갈 수 있다!

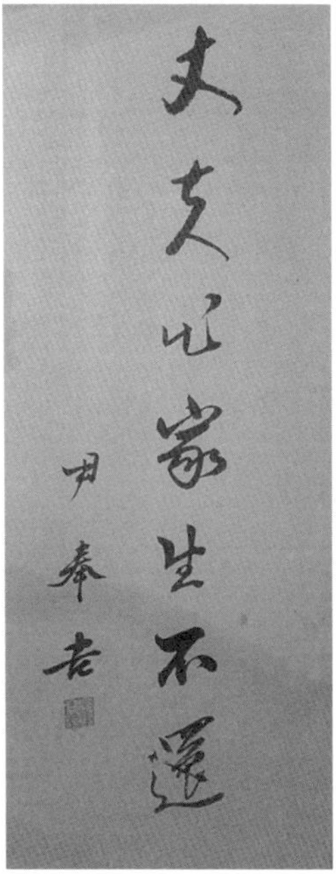

윤 의사의 우묵 가운데서 집자해 만든 '장부출가생불환'
(매헌윤봉길의사기념관 소장)

윤봉길 의사 손녀 윤주경 전 독립기념관장

그런데 이 '장부출가생불환'이라는 윤 의사의 출사표는 윤 의사가 평소에 쓰던 용어이고, 직접 쓴 글도 남아 있었던 것으로 알려졌다. 하지만 아쉽게도 이 글귀는 현재 남아있지 않다. 우리가 본 윤 의사의 출사표는 윤 의사의 우묵 가운데서 집자하여 만든 글씨라는 것이 윤 의사 장손녀인 윤주경 전 독립기념관장의 설명이다.

네 살 아들에게 쓴 편지

또 아들 모순(종, 어릴 때 이름)에게도 편지를 썼다. 1927년 9월생이니 네 살박이다. 4세 해동(孩童)이라고 했듯이 어린아이지만, 나중에 커서 어른이 되면 아버지의 큰 뜻을 분명히 이해하고 뜻을 이어받을 것이라고 생각했다. 당시의 일반적인 부모처럼 자식을 소유물로 보지 않고, 부모 역시 자식의 소유물이 아니라는 점을 분명히 하면서 부모에게 의지하지 말라고 썼다. 그러면서 윤 의사는 종이에게 "너는 아비가 없는 것이 아니라 (아비는) 이상의 열매를 따기 위해 집을 떠나 있을 뿐이다"라는 점을 강조했다.

모순의게

모순아! 재(才)주 많이 하고 사랑 많이 바더라.

네가 정말 두순에게 대하여 너는 아버지가 있으니까 좋겠다고 했니!

사세해동으로 그러한 감이 있다면 그야말로 동정많은 부답생초(不踏生草) 기린아요. 감각많은 신동아이다. 사회, 경제, 정치, 이것은 발생학적 순서이다. 그러나 현실적 통제관계에 있어서 이 순서는 전도되었다. 경제는 사회에서 나서 사회에 떠나 사회 위에서 사회를 지배하고, 정치는 경제에서 나서 경제를 떠나 경제 위에서 경제를 지배하고 있다. 따라서 현대 인생의 변환도 그러하다. 부모의 혈계(血係)로 나서 부모를 떠나서 부모를 위하여 노력함이 허언이 아니다. 사실상 자식의 소유주가 아니요 자식은 부모의 소유물이 못되는 것은 현대 자유계의 요구하는 바이다. 좋아 너는 아비가 없음이 아니다. 너의 아비가 이상의 열매를 따기 위하여 잠시적 역행이지 몇년 세월로 영구적 전전이 아니다. 그러고 모순이는 눈물 있으면 그 눈물을, 피가 있으면 그 피를 흘리고 뿌리어가며 불변성의 의지력으로 훈련과 교양을 시킬 어머니가 있지 아니하냐? 어머니 교양으로 성공자를 보건데, 서양으로 만고영웅 나포레옹과

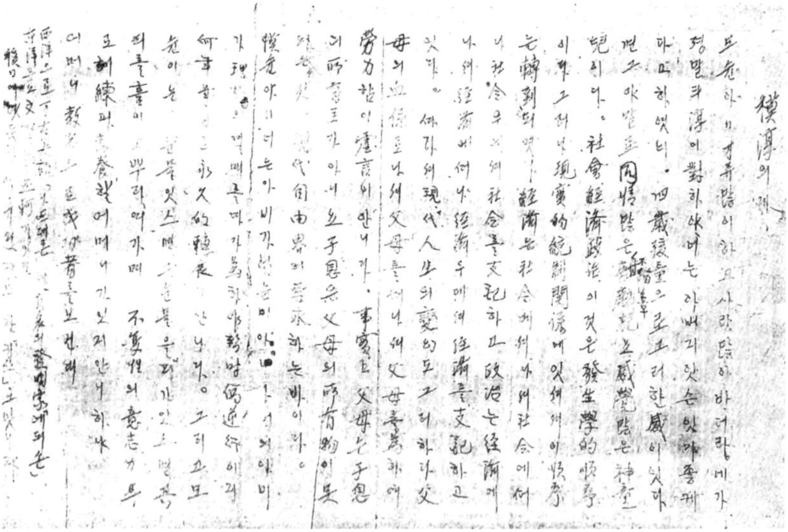

윤 의사가 칭다오에서 어린 아들 장남 종에게 쓴 편지(1930년)

고명(高名)의 발명가 에디슨, 동양으로 문학가 맹가가 있다. 후일에 따뜻한 악수와 따뜻한 키스로 만나자.[2]

후일에 윤 의사의 부인인 배 여사가 회고한 바에 따르면 실제로 윤 의사는 출가 전날 종이를 무릎에 앉혀놓고 "아버지가 멀리 돈을 벌어와 네가 좋아하는 사탕과 과자를 많이 사다주겠다"는 얘기를 해서 그냥 아이를 달래는 말이라고 생각했는데, 지나고 보니 집을 떠나려는 얘기였다며 가슴을 쳤다.

또 동생 남의에게도 소식을 전했다. 장남인 자신이 해야 할 일들을 동생에게 떠넘기고 온 일과 자신의 뜻을 제대로 전달해줄 사람으로 동생 남의만한 인물이 없었다. 그래서 윤 의사는 칭다오 생활의 어려움을 말하고 대의를 위해 자신을 바치려는 뜻을 이해해주길 바란다고 썼다.

윤 의사는 월진회에 돈을 부치면서 함께했던 예산의 동지들에게도 소식을 남겼으나 일제의 철저한 검열과 봉쇄로 현재 전해지는 편지는 없다.

그런데 남아 있는 윤 의사의 편지에는 부인 배씨에게 보낸 편지가 없다. 왜 그랬을까? 대의를 위해 자신과 가족을 버리기로 작정했지만, 젊은 아내에게는 차마 뭐라 할 말을 잃었던 것이 아니었을까. 그렇다고 배용순 여사가 아무 말도 없이 자신과 자식을 남겨두고 떠난 남편이 원망스럽지 않은 것은 아니었다. 그 시절 대개 조선의 여성들은 시집 생활과 농사일에 허우적대기 마련이어서 남편의 따뜻한 보살핌을 받는 것은 아주 예외적인 일이었다. 그래도 배 여사는 나이 칠십에 회고한 기록에서 이따금 장롱 속에 간직해둔 남편의 편지와 필감 선물을 어루만지며 인생의 아픔을 달랬다고 했다. 배 여사는 남편이 힘이 장사이고 부지런하고 다부진 성격이라 무슨 일이든지 한번 시작하면 매듭을 짓고 마는 사람이었다고 회고한다.

하지만 윤 의사가 자신에게 몰인정하다든가, 매정스런 남편은 아니었다고 말한다. 서울에 다녀오면서 법단 댕기를 자신에게 사다주었는데, 집안 어른들이 잔뜩 있는 형편이라서 자신에게 보낸 숨은 애정이 아닌가 하고 생각했다는 것이다. 또한 스물을 갓 넘긴 남편이 시골 아낙뿐 아니라 아버지 연배의 어른들까지도 가르치는 것을 마음속으로 대견하게 여겼다고 한다. 이런 점으로 볼 때 배용순 여사는 남편의 심정을 미루어 짐작하며 시부모를 봉양하고 두 아이를 키우며 집안 농사를 해가는 희생과 헌신의 한국 어머니였던 것 같다.[3]

30원 소매치기 당한 사건

칭다오 생활에서 윤 의사의 남다른 태도를 보여주는 사건이 한일진에게 여비를 지원한 일 외에도 소매치기 사건이 있다. 윤 의사가 칭다오 시내를 구경하다가 주머니에 넣어두었던 자금을 소매치기 당했다. 30원이라고 하니 적지 않은 돈이었다. 가게에 돌아와 소매치기 당한 사실을 깨닫고 어이가 없었는지 '참 나같이 노동을 해서 먹고사는 놈의 돈을 털어가니, 그 놈도 어지간히 급했던 모양'이라며 웃고 말았다.

윤 의사는 전당포에 가서 낡은 양복이지만 옷을 저당 잡혀 돈을 충당하고, 태연하게 세탁소 일을 했다. 윤 의사의 대범한 태도가 잘 드러난 사건이었다.

윤 의사는 이 세탁소에서 열심히 일해서 나중에는 회계 일까지 맡았다. 상하이로 갈 여비가 마련되고, 약간의 돈이 생기자 주인에게 자신이 상하이로 가야 할 이유를 설명하고 양해를 구했다. 그런데 세탁소 주인은 윤 의사가 월급이 적어서 옮기려 하는 줄 알고 봉급을 더 올려주겠다고 했으나 윤 의사는 사양하고 주인과 이별을 고했다.

9장

망명

1930년 3월6일, 음력 2월7일. 윤 의사는 드디어 출가를 단행했다. 부모님과 사랑하는 아내, 두 살 된 아들을 두고 조국 독립전쟁에 출정하기 위해 집을 나선 것이다.

윤 의사는 뜻을 이루기 전에는 집에 돌아오지 않겠다는 굳은 의지를 '장부출가생불환'이라는 경구를 남겨 스스로 거울로 삼았다.

어머니에게 드린 마지막 선물, 수건 한 장, 과자 한 봉지

때는 음력설을 지낸 지 얼마 되지 않았다. 어머니는 갈산(갈뫼)의 친정집에 사나흘 다녀오신다고 가셨다. 갈산에 가실 때에 추우실까 싶어서 급한 김에 수건 한 장과 과자 한 봉지를 사드렸다. 마지막으로, 한 인간으로, 효도를 한 셈이었다. 이것조차 동네 주막거리 앞의 사촌형 순의가 하는 가게에서 외상으로 급히 산 것이었다.

홍성군 갈산면•은 청산리 전투로 널리 알려진 김좌진과 홍주의병 김복한이 태어난 곳이다. 김좌진 장군은 고향에 호명학교를 세우고 계몽운동을 전개하다가 집안의 노비 백여 명을 전부 풀어주고 노비 문서를 불태운 후 만주로 독립전쟁을 하러 떠난 인물이었다. 집안의 어른들이나 외갓집 사람들은 김좌진 장군에 대해 숱한 얘기들을 들려주었다. 청산리 전투에서 왜병들을 쓸어버린 얘기는 이순신 장군 못지않게 신나는 얘기였다. 무장독립군의 총사령관이 되어 일본군을 상대로 십여 차례 지속된 청산리 전투에서 일본군을 격파한 얘기는 들어도 들어도 질리지 않았다. 어릴 때는 어른들이 그 얘기를 하면 자꾸 "한 번 더" 하고 졸라대서 듣곤 했다. 특히 노비 백여 명을 전부 풀어준 뒤 노비 문서를 불태웠다는 일화는 어떻게 자신의 재산과 마찬가지인 노비 문서를 불태울

• 충남 홍성군 북서부에 있는 면. 동북부는 삼준산(490미터)을 비롯해 산지가 발달하고, 서부는 천수만에 면한 습지와 갯벌이 있으며, 와룡천이 남부를 가로질러 서해로, 운곡천이 중앙을 남류하여 와룡천으로 흘러든다.

이남규(영정)

김좌진 장군

수 있는지 참으로 놀라운 일이었다.

홍주의병 전투의 김복한 어르신이나 예산 대술면의 이남규 부자의 순국, 동학 농민전쟁 때 지역의 이름 없는 농민, 유생들의 참혹한 죽음과 인산인해를 이룬 시체 더미에 대한 얘기를 들을 때면 주먹이 불끈 쥐어지곤 했다. 윤 의사는 '내 반드시 이 원한을 갚고야 말겠다'는 다짐을 했다.

'고향을 떠나 유랑하는 사람' 한시를 적다

어머니의 가시는 길을 눈물로 배웅하고 집에 돌아와 다음 날 드디어 독립전쟁의 길로 나선다고 생각하니 일이

손에 잡히지 않았다. 그래서 사랑방에 앉아 먹을 갈았다.

그리고 잠시 식민지 조선 인민들의 억압과 고통스런 현실을 떠올리며 한시• 한 수를 써 내려갔다.

슬프다 고향아

자유의 백성 몰아 지옥 보내고
푸른 풀 붉은 흙엔 백골만 남네

고향아 네 운명이
내가 어렸을 때는
쾌락한 봄동산이었고
자유의 노래터였네

지금의 고향은 귀 막힌 벙어리만 남아
답답하기 짝이 없구나.

동포야 네 목엔 칼이 씌우고
입눈엔 튼튼한 쇠가 잠겼네

• 이 이향시(離鄕詩)는 1951년 애국정신선양회가 발행한 애국지(윤봉길 선생 편)에 실려 있다. 또 1934년 김광이 쓴 『윤봉길전』에도 '유랑이향적인(고향을 떠나 유랑하는 사람)'이라는 제목으로 중국어로 실려 있다. 아마도 윤 의사가 함께 생활한 김광 선생에게 다시 써준 것으로 보인다. 이 한글 시는 고향을 떠나 유랑하는 사람이라는 제목으로 학술원 회원이었던 차주환 박사의 번역판에도 있다.

고향아 옛날의 자유쾌락이
이제는 어데 있는가.

악마야 간다. 나는 간다
인생의 길로, 정의의 길로
어디로 가느냐고 물으면
유랑의 가는 길은
저 지평선 가르켜
오로지 사람다운 인류세계의
분주한 일꾼 되려네

갈 곳이 생기거든 나를 부르오
도로가 울툭불툭 험하거든
자유의 불꽃이 피려거든
생명의 근원이 흐르려거든
이곳이 나의 갈 곳이라네

떠나는 기구한 길
산 넘고 바다 건너
구렁을 넘어 뛰고
가시밭 밟아가네

잘 있거라

정들은 고국 강산아

여기까지 쓰고 나니 하염없이 눈물이 쏟아졌다. 얼마 뒤 흐르는 눈물을 멈추고, 다른 종이를 꺼내 큰 붓을 잡은 뒤 호흡을 가다듬고 붓을 적셨다.

장부출가생불환

23세. 날이 가고 해가 갈수록 우리의 압박과 고통은 증가할 따름이다. 나는 여기에 한 가지 각오가 있었다. 솔직히 말하자면 뺏뺏이 말라가는 삼천리강산을 바라보고만 있을 수가 없었다. 수화(水火)에 빠진 사람을 보고 그대로 태연히 앉아 볼 수는 없었다. 나의 철권으로 적을 즉각 부수려 한 것이다. 이 철권은 관속에 들어가면 무소용이다. 늙어지면 무용(無用)이다. 내 귀에 쟁쟁한 것은 상하이 임시정부였다. 다언불요(多言不要). 이 각오로 상하이를 목적하고 사랑스런 부모형제와 애처애자와 따뜻한 고향산천을 버리고 마음의 폭탄을 안고 압록강을 건넜다.[1]

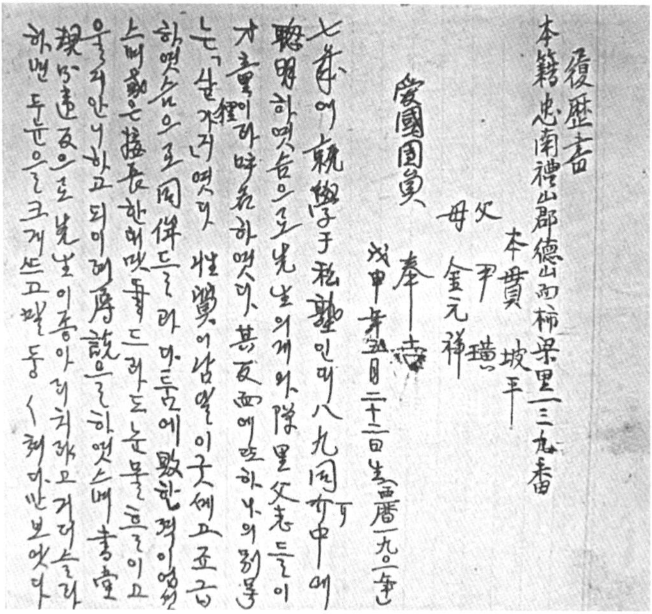

履歷書

本籍 忠南禮山郡德山面柿梁里一三九番

本貫 坡平

父 尹璜

母 金元祥

奉吉 戊申年五月二十三日生(西曆一九〇八年)

愛國團員

윤봉길 이력서(일부)

이렇게 쓰고 나니 마음이 가라앉고 차분해졌다. '독립 전쟁에 뛰어든 내가 이제는 고향을 떠나면 다시는 살아서 돌아오지 못한다. 정든 가족과 부모님, 아내, 어린 아들, 시량리에서 함께 농민운동을 한 벗들, 모두와 이별이다.' 부디 평안하시고 건강하시길 빌며 잠자리에 들어 눈을 붙였다. 드디어 다음 날이 밝았다.

윤 의사는 아침 일찍 일어나 마당을 쓸고 집 안 청소를 정성껏 했다. 어제 저녁에 써둔 글씨도 잘 말랐다. 접어서 책갈피에 끼워놓았다. 일전에 여비를 장만하려고 아버지께 앞산 수암산•의 땅을 조금 팔자고 제안했지만 아버지는 허락하지 않았다. 그래서 할 수 없이 여비를 월진회 회원들이 회비로 낸 돈 60원을 빌려서 일단 경비로 쓰기로 했다. 이 경비는 나중에 돈을 벌어 부쳐주면 월진회 회원들이 이해해주리라 믿었다. 아버지께는 혼사를 앞둔 동생 순례의 신랑감을 보러간다는 핑계를 대었다. 평소 외출할 때 입던 낡은 양복에 두루마기를 걸친 차림이었다.

윤 의사는 삽교역에 10시경에 도착했다. 당시 철도는 서울행 경남선(京南線)••이 운행되고 있었다. 경남선은 1922년에 남조선철도주식회사에 의해 개통되었고 1955년 6월에 장항선으로 바뀌었다. 이 경남선은 개통 당시에 나무를 때는 화차로 운행되었는데, 언덕길에서는 사람들이 내려서 밀고 가기도 했다. 경남선은 천안, 온양, 도고의 온천이나 충남 서해안 지역의 예산, 홍성, 광천, 대천, 서천, 장항 등의 지방도시를 연결하여 충남 서부 지방의

• 수암산은 내포 지역의 금강산으로 알려진 용봉산으로, 윤 의사의 생가 옆으로 이어진 제법 산세가 있는 산이다. 윤 의사는 이 수암산에 자주 올랐고, 청년들의 체력 단련을 위해 만든 체육회의 이름도 수암체육회로 했다.

•• 경남선은 남조선철도주식회사가 운영한 철도노선으로, 서울에서 장항까지 운행됐다.

교통의 중심이었다.

10시경에 출발한 기차는 오후 3시경에 서울역에 도착했다. 윤 의사는 종로구 봉익동에 있는 사촌동생 윤신득의 하숙집을 찾아갔다. 윤신득의 본명은 윤은의로 당시 중동중학생이었다. 윤 의사는 윤신득을 만나 월진회의 일을 당부하고 싶었다. 그러나 그는 집에 없었다. 하는 수 없이 서울역에 돌아와 신의주행 기차에 몸을 실었다. 압록강을 넘어 만주 일대를 둘러보고 독립투쟁의 현실도 살펴보며 독립전쟁의 전사로서 할 일도 찾아보고자 했다.

차창 밖으로 스치는 황해도 평안도의 철둑길은 모든 게 낯설고 새롭기만 했다. 흔들리는 기차에 몸을 싣다 보니 어느새 잠이 들었다. 한참 지나 인기척에 깜짝 놀라 눈을 떴다. 바깥은 훤히 밝았다. 아침 9시경이었다. 월진회 동지 황종진에게 편지를 썼다. 편지 내용은 윤 의사가 어머니께 보낸 편지에 기록돼 있다.

> 하루가 여삼추라는 말이 있듯이 어제 하루는 제에게 있어 정말 삼추와 같이 오랜 세월이 흐른 감이 있습니다. 형은 아마도 제의 이 편지를 받으면 크게 경악하리라 믿습니다. 제는 가정과 사업과 동지를 다 버리고 거대한 ○○사업

을 하기 위하여 고향을 떠났습니다. 잃은 독립을 찾고 경제를 찾는 현하 청년의 할 사업은 이것이겠지요. 그러므로 제는 넓고 넓은 만주 벌판에 자유스럽게 뛰어 놀려 합니다.

그런데 편지를 다 쓰기 전에 기차 안에서 차표 검사가 있었다. 윤 의사는 신의주행 기차표를 검사원에게 내주었다. 검표원은 윤 의사의 행색을 살피더니 신의주 방문 목적을 물었다. 윤 의사는 미주 대륙이나 임시정부를 찾아간다고 할 수 없어서 그냥 친척을 찾아간다고 말했다. 검표원은 친척 이름은 무엇이고 어디 사는지 물었다. 친척 이름은 윤천의고, 신의주부에 산다고 대답하자 검표원 뒤에 서 있던 사복형사가 무슨 정(丁)에 사느냐고 소리를 질렀다. 윤 의사는 '정'이라는 신의주의 행정 단위를 잘 몰랐다. 우물쭈물하자 사복형사가 윤 의사의 따귀를 때렸다. 윤 의사는 검문을 어떻게 피할지에 대해 어느 누구한테도 듣지 못한 처지였다.

일부 자료에 예산에서부터 이흑룡의 선전과 권유로 망명을 선택했다고 하는데, 이 기차 안에서 검표 사건을 보면 전혀 그렇지 않다는 것을 알 수 있다. 또 이흑룡이 안식일교회의 전도사 또는 홍보 요원이라고 주장하지만,

필자가 확인한 바에 의하면 안식일교회에 충청 지방을 담당하는 이흑룡이라는 인물은 없었다. 윤 의사가 예산 홍성에서 왕성한 농촌활동을 하던 시기에 '이흑룡'이라는 가명을 쓰는 인물을 만났을 가능성은 있다. 하지만 그의 권유로 망명과 독립운동의 길로 들어섰다고 주장하는 것은 사실과 부합하지 않은 것 같다.

왜냐하면 조선 반도를 탈출하려면 악명 높은 신의주행 철도의 차장 검표와 일제 순경 검문을 통과해야 하는데, 윤 의사는 전혀 준비한 바가 없기 때문이다. 이흑룡의 안내로 망명의 길을 선택했다면, 윤 의사는 신의주행 기차에서 부딪치게 될 검문에 대응할 준비가 되어 있었을 것이다.

선천경찰서에서 고초를 겪다

사복형사의 몸수색 때 윤 의사의 몸에서 황종진에게 쓴 편지가 발견되었다. 형사는 편지를 뚫어지게 보더니 다시 한 번 윤봉길의 따귀를 때렸다. 주소와 직업을 묻고 기록하자 윤 의사는 왜 조사도 확실히 하지 않고 때리느냐, 이게 무슨 경관의 행패냐며 따지자 사복형사는 거칠게 '이 새끼' 하며 계속 따귀를 때렸다.

선천역에서 끌려 내린 윤 의사는 선천경찰서에 잡혀가 취조를 받았다. 윤 의사는 윤신득에게 편지를 보내, "한 달 동안 일을 당한 끝에 오늘에야 풀려나 이 글을 쓴다. 종제 신득아, 헌 옷이나마 있으면 한번 곧 부쳐주기 바란다"라고 썼는데, 어머니께 보낸 편지에 적힌 날짜가 3월20일이니 열흘 남짓 선천서 유치장 신세를 졌다.

선천 정주여관에서 머물다

선천경찰서를 나온 윤 의사는 선천 시내의 정주여관에 머물렀다. 이 정주여관에서 김태식, 선우옥, 한일진 등을 만나 중국에서 벌어지고 있는 애국지사들의 독립운동 소식이나 중국 정세에 대해 상당한 정보를 얻을 수 있었다. 왜냐하면 평안도 선천은 평안도에서 평양 다음으로 독립운동이 활발한 곳이었고, 많은 애국지사를 배출한 곳이었다. 선천 지역이 이렇게 애국계몽운동 시기부터 개화파와 개명 인사들이 많이 나온 것은 기독교 선교사들이 활발하게 활동하고 많은 영향을 끼쳤기 때문이다.

선우옥도 그런 집안을 영향을 받은 인사여서 독립운동 내부 사정에 밝았다. 김태식은 일본에 유학을 다녀온 인물로 만주로 독립운동하러 가는 참이었다. 김태식과 선우옥은 윤 의사의 집안 사정을 자세히 듣고 나서 중국으로 독립운동하러 떠나는 것을 만류했다. 지금 즉각 독립은 어렵고 상당한 시일이 걸릴 것이니 장남으로서 집안일을 돌보며 후일을 기약하라는 충고였다. 그러면서 신의주에 있는 평안북도 산업조합의 서기 자리를 추천해 주었다. 윤 의사는 그래서 일단 선우옥의 추천을 받아들였다. 어머니께 편지를 보내 아버지의 승낙서와 호적 초본, 토지대장 등본 등을 보내달라고 했다. 4월1일부터 출근하고 자신의 이름도 봉길이라고 했다.

> 자꾸 권한다. 본부 산업조합에 서기로 가라고 한다. 나는 또 소원이 아니라고 말했으나 자꾸 인자의 도리를 말하며 권한다. 마지못하여 승낙했다. 이것도 지루하여 다 기록하지 못하겠어요. 조합에서 보증을 서라하니 아버지의 승낙서와 저의 민적 초본과 또는 재산이 얼마 있나 면소에 가서 토지대장 열람서를 청합니다. 신용이 있으라면 토지

가 많은 게 좋습니다. 백부 명의로 하여도 좋습니다. 토지 대장 등본에 대하여 별로 의심이 없을 것 같사오니 십분 혜량하사 속히 부송하시압, 무엇 학교 출신이 아니니까 중대한 서기는 못 될 터이지 아직 월급도 작정치 못했습니다. 양 4월1일부터 쓰겠다고 그럽니다.

하지만 윤 의사는 신의주에서 산업조합 서기 일은 하지 않은 것 같다. 자필 이력에도 기록하지 않았고, 일제의 조사에서도 그런 경력은 발견되지 않았기 때문이다. 선천경찰서 신문조서 등이 있기 때문에 선천에서 며칠 있다가 압록강을 건넜다는 기록은 있지만, 자세한 대화 내용은 윤 의사의 망명을 말렸다는 식으로 쓴 것으로 보아, 그들에게 혹시 누가 될까봐 사실과 다른 내용을 남겼을 수도 있다.

선천에는 이런 개화파 이래 독립운동의 영향으로 신민회, 105인 사건, 3·1독립운동의 참여도 활발해서 선천의 전 시민이 만세운동에 참여할 정도였다. 임시정부 수립 이후에는 도산 안창호 선생이 조직한 연통제의 지역조직과 선전부원 등이 조직되어 활동했고, 흥사단 동우회 조직도 공개적으로 활동하고 있었다.

취업 포기하고 단둥행

윤 의사가 조합에 근무하기로 한 4월1일 전에 취업을 포기하고 3월 하순에 단둥에 갔을 수도 있다. 만주 일대를 둘러보고 상하이 임시정부를 찾기로 작정했다면, 일찌감치 체질에 맞지 않는 산업조합 서기 일은 포기하고 3월 하순에 단둥으로 건너갔을 가능성이 높다.

필자는 3월 하순에 압록강을 건너 단둥에 간 것으로 본다. 김태식, 한일진과 함께였다. 김태식은 만주 일대의 독립군 부대를 찾아가 직접 무장독립운동에 뛰어들고자 했다. 윤 의사가 칭다오행 배 광리환을 탄 것이 3월31일이니 7~10여 일 동안 무엇을 했는지가 공백으로 남아있다. 기차를 타고 창춘까지 가서 만주 독립운동의 소식을 들었을 수도 있다. 독립전쟁의 전사가 되기로 작정한 윤 의사가 독립군의 주 무대인 만주 지역의 독립군 상황에 대해 큰 관심을 갖고 있었을 것이다. 하지만 갈뫼 출신 청산리 영웅 김좌진 장군은 이미 사망한 후였다.

10장

예산에서의 농민운동

윤봉길 의사가 1925년, 18세가 되자, 성주록 선생의 오치서숙을 마치고• '매헌(梅軒)'이라는 호를 받았으나 할 일이 마땅치 않았다. 중학교나 고보에 진학하는 방법이 있었으나 너무 늦었다. 당시 중학이나 고보를 졸업하고 학교의 훈도로 나가는 경우도 많았는데, 윤 의사의 운명은 그런 일제 통치에 순응하는 길을 택하지 않았다.

『개벽』을 통해 민족의식을 일깨우다

윤봉길은 한학을 배우고 있으면서도 1920년에 창간된

• 오치서숙을 마친 연도에 대해 동생 윤남의는 「윤봉길 일대기」에서 "형님의 나이 열아홉에 접어든 어느 날 오치서숙을 나왔다"고 하고, 부인 배용순 여사는 「영원한 남편 윤 의사」에서 가막고개에 있던 서당에서 4년간 숙식을 하며 공부했다고 증언한다. 이를 보면, 18세 때인 1925년에 서당 생활을 마친 것으로 보인다.

『개벽』 표지

『동아일보』나 『개벽』 같은 잡지를 예산에 나가 구해 읽었다. 『개벽』은 천도교의 기관지로 매 호 국한문 혼용체로 국판 160쪽 내외의 내용을 담았다. 인내천(人乃天) 사상을 바탕으로 사회 개조를 표방한 개혁적인 잡지였고, 천도교의 이론가 이돈화(李敦化)가 편집했다. 『개벽』은 창간호부터 일제의 탄압을 받아 압수당하기 일쑤였지만, 윤봉길 의사는 매 호를 빠지지 않고 열독했다.

동생 남의가 증언한 바에 의하면 어느 날 『개벽』을 보다가 형 윤봉길이 울음을 터뜨리며 눈물을 흘렸다고 한다. 동생한테 눈물을 보인 것이 창피했는지 문을 열고 밖으로 나갔다. 재빨리 형의 책상을 보니 이상화의 「빼앗긴 들에도 봄은 오는가」라는 시•가 놓여 있었다.

나중에 윤 의사가 쓴 이향시도 이상화의 영향이 엿보인다. 윤봉길 의사는 『개벽』을 통해 새로운 사조에 눈을 떴고 민족의식이 솟아났으며 억압에 저항하는 청년 정신이 왕성해졌다. 예산 지역에서 천도교 청년회 예산지회가 1921년부터 23명의 회원으로 왕성한 활동을 하고 있었다. 윤 의사가 이 천도교 조직에 들어갔는지는 확인되지 않는데, 『농민독본』 등을 편저한 것으로 볼 때 이 조직과의 밀접성은 충분히 짐작할 수 있다.

『천자문』 가르치다 열아홉 살 때 야학 문을 열다

1927년이 되자 윤 의사도 스무 살이 되었다. 목바리에서 학문이 높은 선생들을 모셔서 배우는 것도 한 방법이

• 이상화는 대구 출신의 시인이다. 1927년에는 의열단원 이종암(李鍾巖) 사건에 연루되어 대구 경찰서에 수감되었다가 풀려나기도 했으며, 1937년 3월에는 만주에 있던 큰형이자 조선 독립운동가인 이상정을 만나러 중국에 석 달간 다녀왔다는 사실이 확인되면서 일본관헌에게 구금되었으나 그해 11월 말경 가석방되기도 했다.

어서 면천에서 박생원, 신양에서 차 선생이 오셨으나 윤 의사의 의식 수준에는 맞지 않았다. 윤 의사는 왜식민학을 배우러 떠난 황종진, 정중호(예산 농업), 정종갑(영명학교), 윤신득(중동중학) 같은 친구들이 한편으로 부럽기도 했다. 이즈음 동네 어른들이 '요새 긴요하게 하는 일 없으니 어린아이들이나 가르쳐보면 어떻겠나'라고 권해서 아이들을 모아서 천자문과 한글을 가르쳤다. 이 한글 야학을 열게 된 또 하나의 사건이 있었다. 동네의 젊은이가 부모의 묘지를 찾기 위해 공동묘지의 묘표를 전부 뽑아서 자기 부모의 묘표를 찾아달라는 부탁을 한 적이 있었다. 윤 의사는 젊은이가 글을 모르면 사람 노릇을 하지 못한다는 점을 깨닫고 동네 아이들에게 까막눈을 뜨이게 해야 겠다는 결심을 했다고 한다.

이때 윤봉길에게 『천자문』을 배운 이들은 이규남의 아들 이대선과 외척 되는 김주영, 동생 윤남의 등이다. 윤 의사의 자필 이력서에는 열일곱 살에 '개도 아니 먹는 똥을 누는 사람이 되었다'고 썼다. 선생이 되었다는 의미를 겸손하게 표현한 것이다. 또 윤 의사는 『명현록』이나 『국조명신록』 같은 역사책을 되풀이해 읽었다. 『명심보감』도 읽고 글씨도 썼다. 『국조명신록』은 태조부터 인조 때

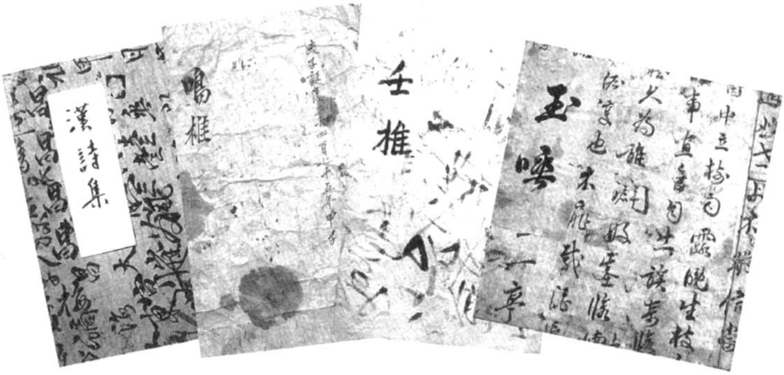

윤봉길이 직접 짓거나 옮겨 적은 시문집들[1]

윤 의사 생가

까지 명신(名臣) 390명의 일대기를 기록한 책이다. 야학에서 학생들에게 수시로 역사 얘기를 들려주었다. 또 열여섯이 되던 해에 『일어속성독본』이라는 책을 사서 자습했는데, 윤 의사는 적국인 일본을 알기 위해서 그들의 말을 배웠고, 1년 뒤에는 간단한 회화가 가능해졌다.

이때 조선 천지는 외형적으로는 일제의 식민통치, 소위 문화통치가 잘 먹혀드는 듯했지만, 그 밑바닥에서는 전국 각지, 각 계층에서 많은 움직임이 있었다. 전국적인 좌우합작운동, 연이은 조선공산당의 등장, 화요회를 비롯한 각종 사상단체, 잡지 등이 출현했다. 이 같이 숨 가쁘게 일어나는 각종 움직임에 가슴을 열고 받아들이고 있던 윤 의사는 드디어 실천 활동에 뛰어들었다. 야학운동의 깃발을 든 것이다.

고염나무골의 김창한이 야학을 열려고 하는데, 목바리에서도 아예 야학을 열면 어떻겠느냐고 윤 의사에게 물었다. 야학을 하려면 배울 학생들이 어느 정도 있어야 하고 스승도 필요하며 시설도 있어야 한다. 윤 의사가 곰곰이 생각해보니 목바리에서 야학을 여는 것은 문제가 없었다. 학생은 동네 일꾼이 되기는 어리고 학교에 들어가기는 가정 형편이 어려운 아이들이면 된다. 까막눈을 면해준다는 윤 의사의 말에 남학생 모집은 어려움이 없었다. 고모댁에 적합한 여자아이 몇 명, 동네사람 이민덕 집에도 여자아이가 있어서 생도 수는 예상보다 많았다. 아이들을 가르치는 것은 윤 의사가 하면 되고, 대농 집안이므로 큰 사랑방을 교실로 쓰면 될 터였다.

이런 준비 끝에 목바리 윤봉길 야학과 고염나무골의 김창한 야학이 운영되기 시작했다. 윤 의사와 상하이에서 함께 생활한 김광의 『윤봉길전』에 따르면, 윤 의사가 야학을 개설한 지 며칠 안 되어 학생이 40여 명으로 늘어서 연령과 학습 정도에 따라 갑·을 반으로 나누어 가르쳤다고 한다. 윤 의사가 단독으로 교사 겸 교장을 맡았는데 이민덕, 정종갑, 황종진 같은 친구들이 교사를 맡으며 야학 일을 나누었다. 과목은 문자 학습에서부터 시작해 조선 역사 등을 가르쳤다. 윤 의사와 김창한은 서로 과목을 바꿔가며 가르치기도 했다. 이 야학운동 덕분에 목바리 49세대 중 한글 이상을 해독한 세대가 42세대였다. 7세대만 문맹이었으니 확실한 성과를 거둔 것이었다.[2]

『조선농민』지의 권두사

윤 의사는 『조선일보』, 『동아일보』 등 민족지를 자처하던 신문들도 열심히 읽고 개벽지에 이어 나온 『조선농민』지도 한 글자도 빼지 않고 읽어 피와 살이 되게 했다. 특히 『조선농민』지의 권두사를 감명 깊게 기억했다.

1. 반만년 동안 짓밟히우고 쥐몰리고 눌리고 속히우고, 빨리워서 항상 큰 불안과 공포와 빈천(貧賤)에 결박되어 사라오든 전 조선인구의 구할이나 되는 농업대중의 인격적 해방을 위하여
2. 급전직하로 막다름박질하야 황폐, 파멸의 밑바닥 구렁텅이로 쓸려 드러가는 조선농촌의 그 참담한 경제덕 현상을 구제하기 위하여
3. 더욱 이 중대한 사명을 다하는 데에 그 지칫돌이 되며 또 기둥이 되는 전조선 절대다수의 농업대중의 지식적 각성을 재촉하기 위하여
4. 이제 우리나라의 역사상 새 기원으로 '조선농민사'•

• 조선농민사는 『조선농민』의 발행처이며, 1925년 창간, 1930년 5월에 종간했다. 편집인 겸 발행인은 이돈화, 이성환으로 판형은 국판이고, 값은 15전이었다.

가 세상에 나왓스며

5. 그리하야 우리들은 이 목적을 철두철미 관철하기까지 온갖 혈성과 열애를 바치어 싸우기를 굿게 맹세해 듭니다. 아, 일만텬 하의 동포! 동포여…

또 『조선농민』지에는 조선농민의 3대 제창이 강조되고 있었다.

하나, 우리 조선은 농민의 나라이다.

둘, 모든 힘을 농민에게 돌리자.

셋, 오는 세상은 농민의 것이므로 전적으로 운동으로 한다.

농민이 나라의 주인이며 농민의 힘을 키워야 조선 독립을 달성할 수 있다는 주장이었다. 진로를 놓고 고민하던 윤 의사는 눈앞에 부딪힌 농촌 현실을 봐야 한다는 『조선농민』지의 호소에 마음이 끌렸다. 자신이 마주한 현실이고 마음을 다잡고 일을 하면 어느 정도 뜻을 펼 수 있는 길도 보였다.

윤독회, 학예회 통해 희망의 불씨를 키우다

목바리 농민야학에서 학생들의 학업 진도가 상당히 나가 어지간한 문장은 쉽게 소화해낼 정도가 되었다. 윤 의사는 다음 단계로 나아가기 위해 단행본 책을 돌려 읽고 독후감을 나누기로 했다. 가정 형편이 어려운 가정에서는 책 한 권을 사서 본다는 것은 쉬운 일이 아니었다. 그래서 대안으로 한 사람이 책을 사면, 그 사람이 책을 읽고 나서 다른 사람이 돌려받아 읽고, 다른 사람에게 또 책을 빌려주도록 했다. 그렇게 하자 마을사람 전체가 책을 읽는 효과가 났다. 아직 도서관을 만들 정도의 책은 없지만 윤독회를 통해 일정한 정도의 책이 모이면 동네 도서관을 세우는 일도 어렵지 않을 터였다.

일단 사람들이 흥미 있게 읽을 수 있도록 『춘향전』, 『심청전』, 『흥부전』, 『추월색』 등 장터에서 사고파는 책으로 했고, 때로는 목청 좋은 사람이 책을 낭독하면 사람들이 새끼줄을 꼬면서 듣는 자리를 자주 만들었다.

윤 의사는 한 걸음 더 나아가 식민지 조선의 농촌 현실에서 희망의 불씨를 키우고 싶었다. 방학 때 고향에 내려온 학생들, 즉 윤신득, 황종진, 정종갑, 이민득 등 고보나

중학교에 다니는 청년들이 윤봉길을 중심으로 농민극 학예회 준비 모임을 가졌다. 윤봉길이 총지휘하고 윤신득이 극본을 준비했다. 이솝우화를 각색한「토끼와 여우」다. 성황리에 마친 학예회에 대해 윤 의사의 일기에는 내빈이 다수 참석하여 칭찬을 아끼지 않았다고 기록되어 있다.

1929년 3월에는 부흥원 건물이 완공되었다. 이 부흥원에서 3월28일에「토끼와 여우」로 학예회를 개최했는데, 이 학예회 일로 윤봉길 의사는 덕산주재소에 끌려가 수사를 받았다. 윤봉길은 이 우화는 단순한 아이들의 촌극이라고 진술했지만, 두 번 다시 이런 짓을 하지 말라는 경고를 받고 풀려났다.

'월례강화'를 통해 역사의식, 상황 인식을 공유하다

목바리 농민야학은 또 어려운 문제가 있었다. 가르치고 싶은 대로 교재를 만들어 가르치는 게 정상이지만, 식민지 조선에서 왜경의 눈초리를 피해가며 야학을 운영하기 위해서는 교재는 평범한 내용으로, 강의는 실제 필요한 것으로 할 수밖에 없었다. 아무래도 야학만으로는 세상 돌아가는 문제나 당면한 농촌 사회의 현실을 얘기할 수 없었다.

그래서 윤 의사는 '월례강화'라는 자리를 만들어 세계 공황 같은 세상 돌아가는 일도 알렸다. 학생뿐 아니라 지역 학부모도 함께 참석하고 학생과 주민들의 의견을 듣는 자리도 마련했다. 1929년 2월28일 월례강화는 윤 의사의 사랑방에 마련된 자리였다. 춘궁기를 고려해서 반죽 밥에 반찬까지 내놓았다. 윤 의사의 강론이 끝나고 윤 의사가 지금 하고 싶은 일을 하나씩 이야기하자고 하자, 대개 일상적인 희망에 관한 얘기가 나왔다. 그런데 갑자기 가장 나이 어린 백영기가 "왜놈 한 놈을 때려 죽였으면 하는 것이 자신의 소원이다"라고 말하는 것이 아닌가.

월례강화의 분위기는 가라앉았지만, 윤 의사는 말할 수 없이 기뻤다. 가장 어린 백영기가 조선 사회의 현실을 정확히 꿰뚫고 있고 해법까지 제시했으니, 교육의 성과가 빨리 나타났다는 증거였기 때문이다.

석유, 양잿물, 비누, 성냥 등 공생운동을 펼치다

윤봉길 의사는 농민야학, 월례강화에 이어, 산업을 일으켜 자립독립이라는 목표를 달성하기 위해 목바리 공생사업도 추진하기로 했다. 첫 사업으로 모두 생필품을 필요로 하므로 월례강화에서 이의 필요성을 강조했다. 생필품 공동구매와 판매 사업을 발전시키겠다는 구상도 내놓았다. 윤 의사가 장에 가서 물품을 싸게 구입하고 팔아서 마을의 공동 자금을 만들어간다는 것이다.

첫 품목은 각 가정에 등잔불에 필수적인 석유였다. 윤 의사는 각 가정에서 조그만 기름병에 석유를 사서 쓰는 것이 따지고 보면 비싼 것이므로, 큰 통에 공동으로 사서 작게 나누어 판매하면 많은 이득이 남을 것이라 생각했다. 양잿물이나 비누도 마찬가지였다. 이 역시 마을사람들의 큰 호응하에 순조롭게 추진됐다.

이런 운동을 통해 동네에 문맹이 없어지고, 마을 사람들은 윤독회와 낭독회를 통해 책을 읽거나 교양을 쌓으며, 월례회 강좌를 통해 세상 돌아가는 일을 조금씩 알아갔다. 또 공생사업을 통해 생활비도 절약하고 마을공동체의 공동 자금을 마련해가면서, 양잠이나 농사 개량을 통해 목바리 동네의 풍토를 많이 바꿀 수 있었다.

그러나 아이들이 글을 배우고 새로운 사업을 한다고 해서 무슨 뚜렷한 희망이 일어나는 것은 아니지 않는가. 활기차야 할 농촌의 아이들이 왜 우울하고 현실에 허덕이는가. 이는 우리가 식민지 조선의 현실에 처박혀 있기 때문이다. 강도 일본의 수탈과 학정으로 농촌의 춘궁기는 갈수록 지독하고 굶주리는 아이들도 늘어나고 있었다. 이 식민지 조선의 민족 문제가 핵심이고, 이를 해결하지 않고서 야학이나 공생운동만으로는 기본적인 문제를 풀어갈 수 없었다. 어찌 할 것인가.

시간이 지날수록 농촌의 내로라하는 유지들이 면사무소나 순경들에게 굽실거리고 아양을 떨고 있으니 참으로 기가 막힐 일이었다. 윤 의사는 이런 문제의식을 구체화해서 가능하면 최대한 당면 문제에 대한 인식을 심화시킬 수 있는 교재를 만들어 보급하면 어떨까 하고 생각했다.

『농민독본』을 편저하다

윤 의사가 농민들을 가르치기 위해 『농민독본』이라는

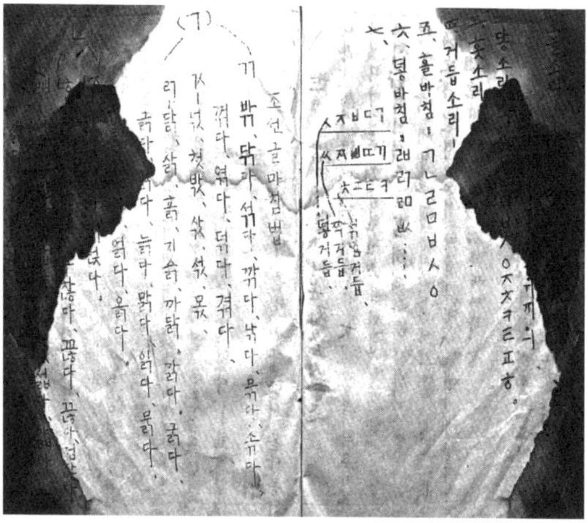

『농민독본』 1권 내용 일부[3]

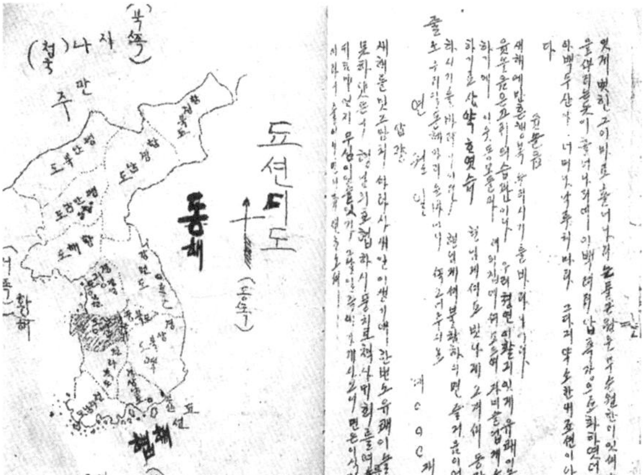

『농민독본』 3권 내용 일부

교재를 만들었는데, 제1권은 보존된 자료가 없었으나 일부 자료가 발견되었다. 제1권은 「조선 글」 편으로 소리 갈래, 훈민정음, 용비어천가, 맞춤법 등이었고, 제2권, 제3권이 남아 있어서 편저한 윤 의사의 생각을 읽을 수 있다. 한때 『농민독본』이 윤 의사의 저술로 알려졌으나 『농민독본』이 윤 의사의 독창적인 저술은 아니라는 사실은 이미 밝혀졌다. 그렇다고 전부 『조선 농민』이라는 책을 그대로 인용한 것도 아니다. 그렇기 때문에 '조선 농민'이라고 하지 않고 『농민독본』이라고 하면서 충청도 예산의 농촌 현실에 맞게 여러 내용을 수정하고 보충하여 책을 펴낸 것이다.

특히 제2권 「계몽」 편 일부와 제3권 「농민의 앞길」 편은 이성환의 『농민독본』과 『조선농민』, 『현대 농민독본』 등에 실려 있는 글을 바탕으로 농민이 주인 되는 세상이 돼야 한다는 점을 강조했다.

윤봉길 의사는 농사는 천하의 대본이라는 말이 결코 옛말이 아니라면서 이 말은 억만년을 가더라도 변할 수 없는 큰 진리임을 강조했다. 한국이 언젠가 상공업 국가가 되어 농업이 힘을 잃더라도 농사는 생명의 창고이며, 그 열쇠는 농민이 가지고 있으며 그렇기 때문에 농민의 세상은 무궁무진하다고 재차 강조했다.

목계농민회, 위친계를 조직하다

윤 의사는 농민운동을 좀 더 체계적으로 전개하기 위해 1927년 3월에 목계농민회를 조직했다. 여기서 목계(沐溪)라는 지명은 가야산에서 시작해 남연군 묘 옆을 지나 덕산으로 흘러나오는 골짜기를 말한다.

목계농민회는 증산운동과 공동구매조합을 만드는 것을 목표로 활동했다. 농촌의 증산운동은 새로운 농업 방법을 개발하고 특용작물을 재배하여 생산량을 늘려 소득을 올리자는 운동이었다. 고구마 재배법과 양잠을 권장하여 소득을 늘렸다. 또 부업으로 돼지, 닭 등을 칠 것을 권장하되 구입 자금이 없으면 돼지를 사주고 몇 마리의 새끼를 낳으면 그 절반은 기른 농민이, 나머지는 다른 농민에게 한 마리씩 나누는 공생협력 방식의 운동이었다. 처음에 농민회 가입을 주저하던 사람들도 돼지 새끼 한 마리씩 생기자 회원 가입이 폭발적으로 늘어났다.

또 1929년 2월22일에는 이태경의 집에서 정종갑, 윤순의, 이태경, 황복성, 이산옥 등 여섯 명이 '위친계'를 만들어 효(孝)와 상례(喪禮)를 극진히 하기 위해 상부상조할 것을 다짐했다. 이 위친계는 윤봉길이 서기를 맡아서 장부를 정리했다. 출자금은 각 5원씩 하기로 하고 청년들 대부분이 위친계에 가입해 어버이 상사(喪事), 회갑, 혼사, 장례 등 큰일이 생겼을 때를 대비하자고 했다.

위친계 활동은 윤봉길의 농민운동이 생활에 기반을 두면서도 공동체의 발전을 위해서 무엇을 해야 하는지에 대한 전략적 사고를 가졌다는 것을 잘 보여준다. 오치서숙에서 유교적 교양을 익힌 것도 도움이 되어 개혁적인 농민운동과 잘 조화를 이루었다. 동네 어른들은 윤봉길의 이런 뜻을 훌륭하게 여겼다.

1929년 4월3일에는 목계농민회 회원들과 야학생들과 산림녹화사업을 진행했다. 목계 냇가에 회원 한사람 50주씩 부담해 포플러 6,000주를 심고 밤나무 1,000주를 심으면 농가 소득이 늘어날 터였다.

드디어 월진회를 조직하다

1929년 4월23일에는 드디어 준비해왔던 월진회를 부흥원에서 조직했다. 말 그대로 열심히 활동해 매일매일 앞으로 나가자는 것이다. 월진회의 목적을 제3조에서,

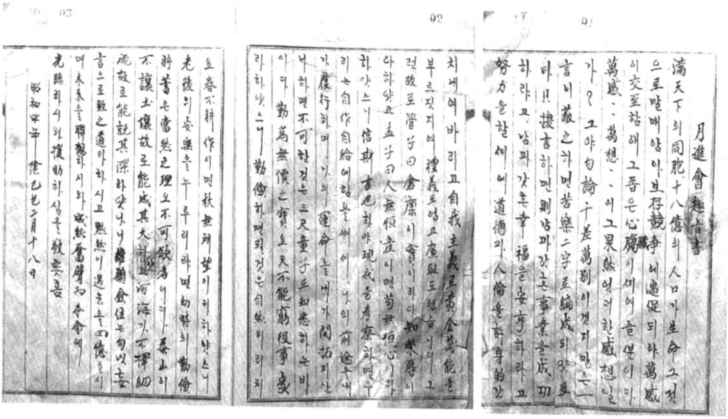

月進會趣旨書
滿天下의同胞十八億의人口가生命그것
으로말매암아生存競爭에急促되야萬感
이交至함애그좁은心臟이메여올뿐이리
萬感、、萬想、、이그果然엇더한感想일
가? 그야勿論千差萬別이겟지만은一
言이蔽之하면苦樂二字로編成되얏도
다!! 換言하면則남파갓흔事業을成功
하라고 남파갓흔幸福을安享하라고
努力을할세에道德과人倫을許身的갓
치내여바리고自我主義로黃金萬能을
부르짓지며禮義도업고廉恥도업습니다 그
런故로管子曰倉廩이實이라야知榮辱이
라하얏고孟子曰人無恒產이면苟無恒心이라
하얏스니信斯言也하야現狀을考察하면우
리는自作自給에힘을써야 나의前途는내
가履行하며나의運命을내가開拓지안
니하면不可한것은三尺童子도知悉하는바
이다 勤爲無價之寶요天不能窮役事家
리하얏스니勤儉하면되는것은自然이리치
오春不耕作이면秋無所望이리라하얏스니
先後의安樂을누리라면幼時의勤儉
時著은當然之理오不可缺者이니 泰山이
不讓土壤故로能成其大하고河海가不擇細
流故로能就其深하얏나니韓國僉位는勿以妄
言으로致之道아하시고默然이過去을回憶하시
며未來을聯想하시와奮力本會에
光臨하시와援助하심을敬要흠
昭和四年 己巳二月十八日

월진회 취지서[4]

"상조상애를 목표로 근검절약을 이행하야 생활의 안정을 도모하고 모두 미풍양속의 함양을 목적흠"이라고 밝히고 있다. 이 제3조의 내용은 일제의 탄압을 우려해 표면상 아무런 문제가 없는 무난한 용어를 쓴 것으로 보인다. 윤 의사의 월진회 창립 종지(宗旨)는 김광과의 대화에서 분명하게 드러났다. 조선 독립을 위해 농민들을 조직하고 힘을 기르자는 것이다. 윤 의사는 대외적으로 발표할 월진회의 취지서를 작성했다.

생존경쟁의 시대인 지금 자급자족할 것과 스스로 운명을 개척할 것을 강조하면서 근면은 값으로 매길 수 없는 보배요, 하늘도 힘써 일하는 자를 가난하게 할 수 없다고 했으니 근검하면 될 것은 자연의 이치요, 봄에 경작하지 않으면 가을에 거두기를 바랄 수 없는 이치와 같다.

월진회의 이사로는 정종갑, 정종호, 준비위원은 황종진, 정종갑, 정종호, 윤신득, 이민덕 외 32인이었다. 고문에는 윤창의를 선임했다. 월진회는 이런 체계를 갖추고 첫째 야학을 통한 문맹퇴치운동을 벌이고 둘째, 강연회를 통한 애국사상 고취, 셋째 공동경작과 공공식수를 통한 농촌경제 향상, 넷째 축산 등 농가부업과 소비조합을 통한 농가의 경제생활의 향상, 다섯째 위생보건 사업과 청소년의 체력 단련을 통한 체력 향상을 제시했다.

윤 의사가 3년간 농민운동을 발판으로 월진회를 조직했을 때 이사를 맡은 정종호는 당시 예산공립농업학교 2학년생이었다. 그는 1928년 예산농업학교에 입학해 강봉주, 한정희 등과 독서회를 결성하고, 항일반제투쟁에 관한 서적을 읽고 윤 의사 거사 이후에는 1932년 5월에 박희남 등의 독서회와 통합하여 좌익협의회를 조직해 6월 동원령에 저항하는 동맹휴학을 주동했다. 정종호, 박희남 등은 12월27일 체포되어 1933년 3월 공주지법에서 치안 유지법 위반으로 징역 2년을 선고받고 옥고를 치렀다.

그런데 김광이 쓴 『윤봉길전』에는 약간 표현상 차이가 있는 월진회 종지가 기록돼 있는데, 식민지 조선의 현실 조건에서 똑바로 표현하지 못했던 것을 바로잡은 것일 수도 있다.

윤 의사는 이때 네 개 종지에서, 첫째, 빈곤 아동의 무상교육 기회 제공, 둘째 농민강습소를 개설하여 과학적, 합리적 방식의 농업생산 방식 개량, 셋째 민중강연회를 개설하여 국내외 사정을 알리고 토론하며 공중과 개인의 위생을 강연하여 지식 보급, 넷째 '민중단결의 힘을 공고화한다'고 했다. 이 종지를 보면 무엇을 위해 월진회를 조직했는지 알 수 있다.

윤 의사는 농촌 부흥을 달성하기 위해서는 목계농민회 사업을 이어받아 농가부업 장려와 공동판매사업, 회원들에게 돼지 한 마리 분양 사업, 양계·양잠 사업 등을 통해 소득증대를 꾀하고 회원들은 의무적으로 저축증대 사업도 실시했다. 매월 14일 오후 일곱 시에 정기총회를 열었다. 회원은 40여 명, 매월 10전씩 의무적으로 내서 고덕금융조합 삽교출장소에 저금하도록 했다.

수암체육회를 발족하다

한편으로 회원들의 건강한 체력 증진을 위해 수암체육회를 발족했다. 체육회는 다음과 같은 목표를 가지고 있었다.

첫째, 체육을 통한 협동심 배양.
둘째, 체육을 통한 패기와 야망을 키운다.
셋째, 고된 노동으로 일그러진 농촌 청년들의 체격을 바로잡고 체위 향상.
넷째, 체육을 통한 이웃과 친목 도모.
다섯째, 현대 스포츠의 경기 방법을 체득하여 시대 조류에 부응.

윤 의사는 마을 청년들과 수암산 기슭 냇가 근처의 황무지를 개간하여 운동장을 만들고 축구를 비롯한 각종 운동을 장려했다.

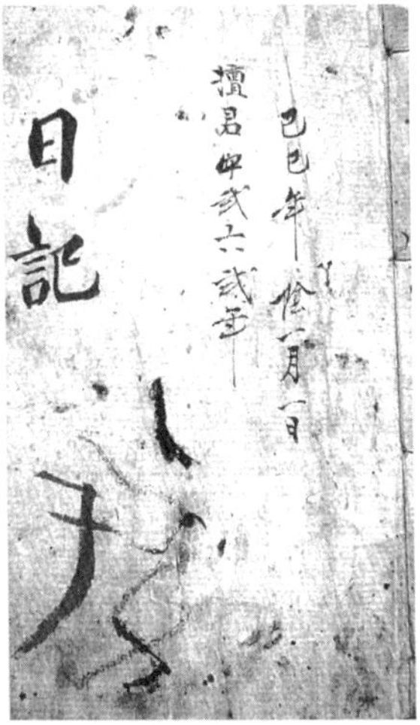

윤봉길 일기(표지)[5]

1929년부터 일기를 쓰다

윤 의사는 스물둘이 되던 1929년 음력 설날(양력 2월10일)부터 일기를 쓰기 시작했다.

이 일기는 윤 의사의 내면의 정서를 이해하고 1929년의 현실을 어떻게 인식하고 대처하려 했는지를 파악하는 데 매우 중요한 자료다.

가도 만류치 못하는 것은 세월이다. 보라! 60초가 1분,

60분으로 1시간, 24시간이 일주야이다. 자전을 마치고 사정없이 핑핑 돌아가는 지구가 어느덧 3만6천의 자전을 마친다. 이것이 한사람 일생이다. 아! 그러면 무정한 저 광음이 아까운 인생을 얼마나 희생했는고? 생각이 여기에 도달하여는 한줄기 동정하는 눈물을 금치 못했도다. 묻노니 이러한 단촉한 기간에 겪어 보낸 것이 무엇인가! 참 붓으로 기록할 수 없는 고통 번민 노력, 백도망시일도한(白道望時一到限)으로 희락 그것으로 일생을 보내는 인생이다. 유차 논지컨대 이 인간은 눈물로 되었구나 눈물로 된 인간이여 나의 심회 억제할 수 없구나! 전제(前題) 인생론은 청전일장치를 득이라고 미가진기(未可盡記)일다. 금년의 행사나 기록하여 보자. (기사년 일기장 서언)[6]

세배지례는 유아동방의 고유여재한 미풍이라, 동노존장 찾아 세배했다. 심방어 윤세희가하여 견우 토정비결하니 853괘 入山擒虎 死生難輯•(입산금호 사생난집)이다 又去鄭鐘甲之家(우거정종갑지가)하야 輿隣友互擲柶••(여린우호척사)를 개최하여 흥미에 몰하여 不考夜深(불고야심)하고 抵

• 호랑이를 사로잡기 위하여 산으로 들어가니 죽고 삶이 어렵다는 뜻.

•• 윷놀이.

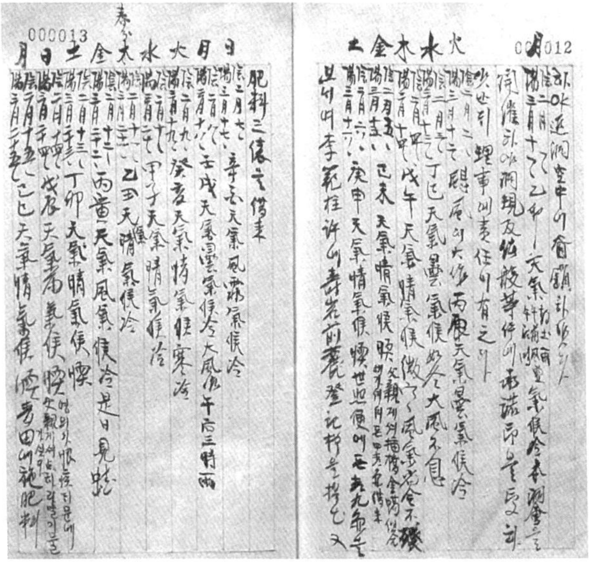

윤봉길 일기[7]

于(저우) 鷄鳴屬屬耳(계명속속이). 척사(윷놀이)에 소득은 唐賞•(당상) 四﨤半(사동반). (음력 1월1일. 양력 1929.2.10)

與雇人(여고인) 장준영으로 안순을 업고 삽교역전 태창병원에 가사 진찰한 바 별무신효라. 당진에서 삼종질 원, 운, 수가 왔다. (음력 1월4일, 양력 1929.2.13)

그리 반가운 진찰을 마치고 정오경 예산 공립보통학교

• 윷놀이 이긴 자에게 주는 상.

학유회에 갔었는데, 흥미는 있으나 가슴에 막힌 수심은 해결치는 못 하는구나 (음력 1월7일. 양력 1929.2.16)

내일은 조모의 회갑인고로 사세 부득이 환가하얏다. 그러나 안순의 모, 낙담이 여기는 모양 참 사람으로서 볼 수 업구나. (음력 1월8일, 양력 1929.2.17)

우리 집에서 위친계를 설립했던 바, 내가 서기의 책임을 맡고 문부를 정리했다. 오후 7시에 細雨(세우)가 霏霏(비비) (음력 1월13일, 양력 1929.2.22)

야학 아동학예회를 개최한 바, 내빈이 다수 왕림하여 칭찬을 아끼지 않았다.(음력 2월18일, 양력 1929.3.28)

야학 아동과 더불어 포플러 6천 주를 심었다. (음력 2월24일, 양력 1929.4.3)

야학 학생으로 더불어 월진회 조직 (음력 2월29일, 양력 1929.4.8)

이날 밤 與洞中(여동중) 三七(3칠)과 더불어 월진회를 조직한 바, 회장의 책임을 지게 되었다. (음력 3월4일, 양력 1929.4.23)

이충무공 일생사, 일본군 17만인이 침입하다. 豊臣秀吉(풍신수길, 도요토미 히데요시)이 육군으로는 小西行長(소서생장, 고니시 유키나가)과 加藤淸正(가등청정, 가토 기요마사)을 보내고, 수군 加藤嘉明(가등가명, 가토 요시아키), 毛利勝信(모리승신, 모리 가쓰노부), 九鬼嘉隆(구귀가융, 구기요시다가), 원균이가 항지불능, 이충무공 방면함. (음력 4월15일, 양력 1929.5.23)

종형 가우와 오가면 우방리에서 비행기•를 보았다.

(음력 9월27일, 양력 1929.10.29)

광주고보 민족 충돌•• (음력 11월5일, 양력 1929.12.4)

종제 윤신득 휴업•••으로 오다. 광주고보 사건 때문이다. (음력 11월12일, 양력 1929.12.12)

함승 수이조합 일본인들이 선인 3명을 타살. 아! 가엾여라, 이 압박 어느 날 갚을는지. (음력 11월16일, 양력 1929.12.16)

• 처음 비행기를 구경하러 나선 것이다.

•• 1929년 11월3일 일어난 광주학생운동 사건의 연장 기록으로 보인다. 당시 광주고보 학생과 일본인 중학생 사이에 충돌이 도화선이 되어 일어난 애국항일운동으로 3·1독립운동 이후 최대의 투쟁이었으며, 1930년까지 전국적으로 파급되어 참가한 학교는 194개교, 5만 4,000여 명이었다.

••• 광주학생 사건으로 전국 고보가 휴업하자 일시 고향에 돌아왔다.

월진회 회기[8]

농촌 현실과 맞물려 발전한 윤 의사의 항일정신

월진회 조직은 윤 의사의 농촌운동의 결정체이고 본격적인 민중운동 조직이다. 왜냐하면 윤봉길 의사가 가난한 집 아이들과 학교 교육에서 소외된 여성·어린이들을 대상으로 기초적인 한문과 한글을 가르치기 시작하여 야학강습소로 이어졌다. 또한 월례 강연회와 학예회, 부흥원 설립, 수암체육회, 목계 농민회 등 당시 조선 농촌사회에서 벌어지던 각종 활동을 온몸을 던져 헌신적으로 뛰어다닌 끝에, 보다 체계적이고 조직적인 운동의 필요를 느끼고 한 단계 발전시킨 농민운동 조직이자 민족독립운동의 기초 조직이 월진회였다.

조직의 기율도 분명하고 재정적 부담이나 의무금 같은 강제 조항을 넣은 것은 월진회가 자연 발생적인 조직이 아니라 보다 조직 기율과 의무를 부과한 조직이라는 것을 말해준다. 회기를 만들고 회가를 함께 불렀다는 것은 당시 농민운동 조직에서 흔히 하는 일이기도 하나 충남 예산의 시골에서 이런 조직적인 사업을 추진했다는 것은 윤봉길 의사의 항일정신이 농촌사회의 현실과 결합되어 발전하고 있었다는 증거다.

당시 조선 천지는 세계대공황의 여파로 일본 군국주의가 새로운 돌파구를 모색하던 시기였다. 일본 내의 식량 가격 폭등과 수출 기업들의 도산, 대량실업 발생 등으로 요동을 치자 일본군부는 식민지 조선을 더욱 수탈하고 만주 침략을 통해 일본 군국주의 위기를 돌파하려는 음모를 진행하고 있었다.

윤봉길 일기에 드러나고 있지만, 1929년은 조선 천지에서 노동과 소작쟁의가 빈발하고 많은 구속자가 발생했다. 연초에 터진 원산총파업은 석 달 이상 전개되어 조선 천지를 뒤집어놓았고, 6월에는 조선공산당 사건으로 50여 명이 구속되었다. 7월에는 경남 통영의 조선제강 여성 노동자와 8월에 부산 일본 도기회사 노동자들이 임금 삭

1930년 전후의 노동쟁의 현황표[9]

일제하의 노동쟁의 발생 상황표

년도	건수	참가 인원	년도	건수	참가 인원
1912	6	1,573명	1923	72	6,041명
1913	4	487	1924	45	6,725
1914	1	130	1925	55	5,700
1915	9	1,951	1926	81	5,784
1916	8	458	1927	94	10,523
1917	8	1,148	1928	119	7,759
1918	50	6,105	1929	102	8,293
1919	84	9,011	1930	160	18,972
1920	81	4,599	1931	205	21,180
1921	36	3,403	1932	152	14,824
1922	46	1,799			

자료: 조선경찰개요에 의거함.

소작쟁의 건수 및 참가 인원수

구분 / 년도	쟁의 건수		참가 인원	
	경무국 조사	식산국 조사	경무국 조사	식산국 조사
1920	15	–	4,140	–
1921	27	–	2,967	–
1922	24	24	2,539	2,539
1923	176	176	9,060	9,060
1924	164	164	6,929	6,929
1925	11	204	2,646	4,002
1926	17	198	2,118	2,745
1927	22	275	3,285	3,973
1928	20	1,590	3,576	4,863
1929	36	423	2,620	5,319
1930	93	726	10,037	13,012
1931	–	667	–	10,282

비고: 1925년부터 경무국 조사는 비교적 큰 쟁의라 할 것만 넣고 식산국 조사는 비교적 적은 쟁의까지 넣고 있다.

감에 항의하는 파업이 있었는데 이 일이 윤 의사의 정신을 뒤흔들었다.

예산, 홍성 지역의 유교부식회, 무공회, 신간회 등 활발

예산 홍성 지역에서도 이런 시대 조류를 반영하는 활동도 활발하게 전개되었다. 윤 의사는 오치서숙에서 한학을 공부했기 때문에 홍성의 유교부식회의 행사에도 참여한 적이 있었다. 홍성의 유교부식회는 도(道)를 세워 태평한 시대를 열자는 데 목표가 있었지만 조선기문회, 유도진흥회가 친일파의 대표 조직이 되면서 양심 있는 유림에서 들고 일어나 새로운 조직을 만들어 적극적인 혁신 유학의 흐름을 만들고 있었다. 홍성의 유교부식회 관련 활동은 윤 의사가 오치서숙에 다니면서 사서삼경을 다 떼었고, 한시 교양이 출중한 것으로 보아 당연히 교류가 있었을 것으로 보인다. 1927년 5월에 창립된 홍성 유교부식회는 항일의병에 뛰어든 유림 세력이 집결한 조직이었다.

1925년에 조직된 홍성 지역의 지하조직이었던 무공

회의 손재학 등과 교류가 있었다는 증언도 있다.[10] 이 무공회 조직은 상하이 임시정부의 광복군 양성 계획에 따라 김동진, 박묘성, 두 명을 파견하여 황푸군관학교에 입학시켰다.

홍주의병(정미, 병모의병)의 인사와 집안이 포진하고 있는 지역에서는 친일파들의 준동이 힘들었다. 그리고 조선사회의 좌우합작 단체인 신간회가 홍성과 예산에서 지회를 창립하고 활발하게 활동했다. 그러나 이 조직들은 일제의 탄압과 좌우 세력 간의 갈등으로 안타깝게도 몇 년 활동을 못하고 해산하고 말았다. 윤 의사가 이런 조직에 가입했는지는 분명치 않다. 하지만, 윤 의사의 각종 활동으로 볼 때 이런 조직들과의 연대와 교류는 아주 당연한 일이었을 것이다.

11장

윤봉길 의사의 출생

덕숭산, 수암산, 장군봉에 둘러싸인 도중도에서 출생

윤봉길 의사는 충청남도 예산군 덕산면 시량리에서 1908년 6월21일 태어났다. 시량리 사람들은 윤봉길 의사가 태어난 곳을 섬 중의 섬이라는 뜻의 도중도(島中島)• 라고 불렀다. 도중도는 서쪽으로 495미터 덕숭산이, 앞쪽으로는 260미터 수암산이, 뒤쪽으로는 장군봉의 기암괴석이 둘러싸고 있는 곳이다.

덕숭산에는 만공선사(1871~1946)••가 좌정한 수덕사,

• 목계천이 마을로 흘러내려 양쪽으로 갈라지며 작은 섬을 이루다 다시 합쳐져 흐른다.

•• 만공선사는 경허스님의 제자로 항일정신이 투철했다. 총독부의 불교 어용화에 저항했다. 1937년 만공스님이 공주 마곡사의 주지로 있을 때 불교의 일본 불교화를 강조하자 이에 적극적으로 반대했다. 만공스님은 덕숭산에 주로 머물며 조선의 대표적인 선승으로 이름이 높았다.

수암산에서 내려다 본 시량리 전경

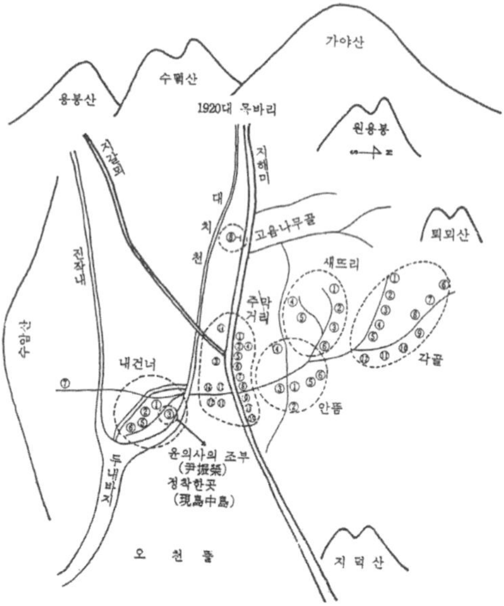

목바리의 1920년대의 모습[1]

정혜사가 있고, 수암산은 치마바위, 오형제바위, 중바위, 두엄바위 등 많은 전설을 만들어내면서 내포 지역의 금강산이라 불리는 용봉산으로 이어지고, 뒤쪽의 장군봉은 밖에서 불어오는 북풍을 막아주는 기암괴석이 있다. 도중도는 가야산과 수암산에서 흘러나오는 진작내와 원효봉, 가야산에서 갈라진 한티내가 둘러싸는 형세다. 수암산의 동쪽에는 마을 사람들이 지내는 기우제터가 있고, 소규모의 금광이 개발되기도 했다.

윤 의사가 출생한 도중도는 진작내와 한티내가 범람하여 버려진 땅이었다. 시량리 가운데에서도 가장 큰 마을인 목바리(沐溪)는 주변 풍광이 뛰어났을 뿐 아니라 마을 앞으로 국도가 통과하는 교통의 요지이기도 하다. 해미, 고덕, 예산, 홍성의 교차점이어서 옛날에는 진관(鎭官)이 설치되어 있었고, 근세에는 상업적 기능이 커져 객주가 셋이나 자리 잡았다. 보부상단의 활동이 활발했고, 또 남사당도 활동 무대로 삼았다.

황무지 개간해 부농이 된 윤 의사의 할아버지

윤 의사의 출생 지역을 둘러싼 이러한 자연환경은 윤 의사 집안의 경제력을 획기적으로 발전시켰고 사람의 품격과 자질 형성에도 영향을 미쳤다.

윤 의사는 파평 윤씨의 시조인 태사공 윤신달(莘達) 31대손으로 판도공파에 속한다. 판도공 승례는 고려 공양왕때 판도사 판사를 지냈는데 고려의 호국 영웅 윤관의 28대 손이기도 하다.

원래 윤 의사 집안은 증조할아버지 윤자공(재)이 당진에서 덕산으로 이사 왔고, 막내였던 할아버지 윤진영이 열아홉에 혼인하면서 호주가 되어 목바리에 터를 잡았다. 1880년의 일이다.

할아버지 윤진영은 윤 의사가 농촌운동을 활발하게 전개하던 1928년 9월6일, 67세로 사망할 때까지 집념과 끈기, 부지런한 농부로서 억척같이 일을 했다. 목바리 지역의 황무지를 개간해서 논 1만 8,200평, 밭 1만 7,000평, 임야 1만 3,000평을 소유해 부농이 되었다. 땅의 개간에 얼마나 밤낮이 없었는지 동네사람들은 '두더지'라는 별명을 붙일 정도였다. 억척스런 기질과 목표를 세우면 반

윤봉길 의사 가계도

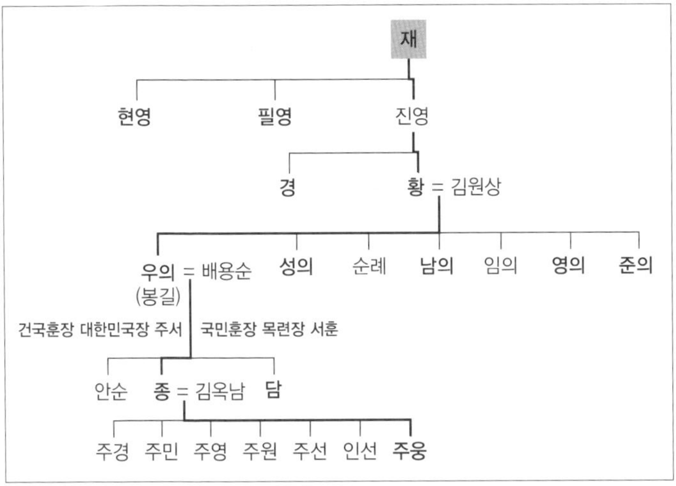

드시 해내고 마는 윤 의사의 성미나 명석한 머리 회전 등은 할아버지로부터 자연스럽게 물려받은 것이었다. 할아버지는 자식들을 전부 데리고 사는 대가족 형태로 살림을 해서 사촌형제들이 친형제처럼 살았다.

윤봉길 의사의 아버지 윤황과 어머니 경주 김씨 김원상은 아들 다섯에 딸 둘, 7남매를 두었는데 윤 의사가 맏이였다. 어머니 경주 김씨는 용처럼 우람하게 생긴 구렁이가 입속에 들어오는 태몽을 꾸었다고 한다. 봉길(奉吉)은 별명이고, 본명은 우의(禹儀)이며 자는 용기(鏞起)다.

최은구 선생 밑에서 글공부를 하다

윤 의사는 일반 가정의 동네 또래들처럼 집안일을 거들거나 농사일을 하지 않고 글방에 다니며 학업을 닦았다. 개화시대가 되면서 깨우친 집들은 신식학교에 다니고, 보수적인 집안의 아이들은 여전히 서숙에 다녔다.

윤 의사가 여섯 살이 되던 해에 큰아버지 경(堈) 밑에서 종형 순의와 함께 천자문을 익혔고, 같은 마을에서 글방을 연 최은구 선생 밑에서 글을 배웠다. 사촌 순의와 이민덕, 최은구 선생의 아들 최병천, 이택경과 함께했다. 이때 최은구 선생으로부터 일제 토지조사 사업이 식민지 수탈에 목적이 있다는 얘기를 듣고 '겉 다르고, 속 다른 왜놈들의 정체'를 잘 알아야 되겠다는 생각을 하게 되었다. 최은구 선생은 글방 선생을 하기 전에 일제의 토지조사 사업에 측량 보조원으로 일했다.

학식과 교양을 지닌 어머니 김원상

윤 의사가 농사일보다 공부에 주력하게 된 것은 어머

니 김원상의 영향이 컸다. 어머니는 맏아들 윤 의사에 거는 기대가 남달랐다. 남편이 무학인 것이 한이 되었기 때문이다. 그래서 각별히 윤 의사의 학습에 노력을 기울였는데, 윤 의사가 어린 시절에는 늦게 깨우쳤는지 배움이 늦었다. 그때마다 아들을 앉혀놓고 되풀이해서 가르쳤다.

윤 의사는 어린 시절에 성격이 급해서 말을 심하게 더듬었다. 김원상 여사는 아들의 말더듬을 고치기 위해 천자문을 배우고 오면 밤에 반복해서 한문을 읽게 했다. 어머니는 양반 집안인 친정에서 한문은 물론 『천자문』과 『소학』, 『명심보감』을 배운 교양을 지닌 여성이었다.

덕산보통학교 1학년 때 3·1독립 만세운동

윤 의사는 열한 살이 되던 1918년 봄, 늦은 나이에 덕산공립보통학교에 입학했다. 학교에 입학했으나 서당에서 배운 것보다 유치했고, 차렷, 경례와 같은 제식 생활이 불편했다. 그리고 한 살 손아래인 황종진이 한 반 위인 선배로 있는 등 동네 아우들보다 후배가 된 학교 현실이 내적 갈등을 일으켰다.

1학년 말에 전국적인 3·1독립 만세운동이 일어났다. 예산 시내의 독립 만세운동은 3월3일에 있었다. 또 덕산 바로 옆 마을인 고덕 장날 한천시장에서 대대적인 만세 시위가 일어났다. 중앙의 만세운동본부에서 면천보통학교 훈도로 있었던 안인식 선생에게 '독립선언서'가 보내졌다. 이는 다시 그 학교 윤세희 학생을 통해 봉산면의 유지 조인원에게 전달되어 그의 주도하에 고덕 장날에 만세 시위가 일어났다. 상궁리 출신의 장문환 등이 '독립선언서'를 제창하고 시장에 나와 있던 1,000여 명이 함께 만세를 부르며 행진을 했다.

예산 인근의 경찰 병력으로 제압되기 어렵다고 판단한 일본은 대천에서 헌병의 지원을 받아 강제 해산을 했다. 이때 헌병이 발포하였고 시위에 앞장선 인한수는 기마 경찰의 총검에 찔려 현장에서 순국했다.

고덕 한천시장의 독립 만세운동의 소문이 온 동네에 퍼졌고, 윤 의사의 집에서 멀지 않은 덕산 읍내에서 또 만세 시위가 벌어졌다. 최승구 등 700여 명이 태극기를 흔들며 '독립 만세'를 외치자, 일제 헌병들은 최승구를 체포했고 군중들은 구금자 석방을 요구했다. 이때 최승구는 보안법 위반으로 태형 90대를 선고받는 체형을 겪었다. 이날 밤 덕산면의 여러 지역에서 횃불 독립 만세운동이 전개됐다.

덕산 읍내의 독립 만세운동에 놀란 공립보통학교장 와타나베는 수업을 중단하고 학생들을 귀가시켰다. 귀갓길에서 윤 의사는 덕산 읍내 곳곳에서 마을 어른들이 일본 헌병과 경찰들에 의해 무자비하게 구타당하고 짓밟히는 것을 목격했다. 얼마 지나지 않아 윤 의사는 부모님께 "일본사람 되라는 학교에는 가지 않겠노라"고 선언했다•. 일본인 교장 밑에서 조선인 교사가 할 말을 못하는데, 그런 학교에서 무엇을 배우겠느냐고 생각했다. 하지만 부모 입장에서는 배워서 힘을 길러야 한다면서 학교에 다닐 것을 권했으나 윤 의사의 뜻은 확고했다.

성주록 선생의 '오치서숙' 서당에 들어가다

총독부가 서당규칙령을 통해 전국에 자생적으로 설립된 서당들을 폐쇄하여 식민지교육 체계로 조선의 어린이

• 일본은 윤봉길 의사의 거사 이후에 윤봉길이 학교를 자퇴한 것은 오치서숙에서 학생들을 끌어들이기 위해 왕눈사탕을 주었기 때문이라고 선전했으나 터무니없는 모략이었다.

오치서숙 전경

들을 끌어들이려 했다.

하지만 윤봉길은 학교에 더 다니지 않고, 열네 살 때인 1921년에는 옆 마을 둔지미에 성주록 선생이 차린 오치서숙•이라는 서당에 들어갔다.

성주록의 호는 매곡(梅谷)이며 창녕 성씨다. 당진에서 태어나 덕산의 지산마을에서 살았다. 윤 의사의 시량리의 옆 마을이다. 당시 서숙은 숙식을 함께하며 공부하는 방식으로 운영되었다. 성주록 선생은 덕산향교에서 일한 유학자였다. 그에게서 윤봉길은 사서삼경과 한시를 배웠다.

• 윤봉길은 3·1독립 만세운동 후 덕산보통학교를 자퇴하고, 오치서숙에서 매곡 성주록 선생으로부터 유학과 한시를 배웠다.

열다섯 살인 1922년, 배용순과 혼인하다

윤봉길은 1922년 열다섯 살 되던 해, 3월22일 자신보다 한 살 위인 성주 배용순과 혼인했다. 어머니의 친정에서 가까운 삽교면 신리 뒷내 마을 여성이었다. 당시에는 조혼풍속이 있어서 농사터가 많은 집안에서는 한 사람의 일손이라도 필요했다.

1남2녀의 둘째 딸로 태어난 배용순 여사는 다른 농촌 아이들처럼 어린 시절부터 밭과 들에 나가 일손을 도왔다. 아홉 살 때 모친이 돌아가서 언니와 함께 집안 살림을 하다가 열여섯 되던 해에 부농 집안으로 시집온 것이다. 신리에서 시량리까지 20킬로미터 정도 떨어졌다. 배용순 여사는 조선 사회의 전형적인 농촌 여성이었다.

하지만 아버지 배성선은 매일 아침 냉수를 떠놓고 동학의 주문을 외웠다. 시천주 조화정 영세불망 만사지(侍天主造化定永世不忘萬事知). 배성선은 충청도 동학의 대접주 춘암 박인호의 측근이었다. 내포 지역의 도소가 있던 목소의 이웃마을에 살고 있었다.•

• 충청도 동학의 전투는 고부에서 일어난 이후 전국으로 확산되자 태안군수 신백희가 동학 두령급 30여 명을 체포해 참수하려 하자 동학교도들이 봉기해 군수를 타살했다. 이들 6만여 명

윤 의사는 부모가 맺어준 짝이어서 사근사근하게 대하지는 않았으나 속정이 많아서 다른 식구들 모르게 시장이나 예산 등을 다녀오면 아내에게 선물을 건네곤 했다. 배용순 여사는 윤 의사가 순국하고 난 후 한 인터뷰에서 남편이 준 선물을 평생 기억하고 있었다. 윤 의사가 상하이로 망명한 후로도 시부모에게 맏며느리로서 효도하고, 아이들을 지성으로 키웠다. 윤 의사로부터 글도 배워 성경을 읽고 기도를 열심히 했다고 한다.

윤 의사가 첫 딸 안순을 잃고 나서 얻은 아들 '종'이와 윤 의사가 망명할 때는 뱃속에 있었던 둘째 아들 '담'이를 정성껏 길렀다. 하지만 둘째 아들 '담'은 병으로 일찍 죽었고 큰 아들 '종'이는 조선총독 당국의 감시와 비난 등으로 마음의 상처를 많이 받자 학교생활에 적응하기 어려웠다. 그래서 자주 인근 학교로 전학을 다녀야 했다.

서숙에 들어간 윤 의사는 눈에 띄게 실력이 늘었다. 특히 한시에 특별한 재능을 보였다. 시회에서 자주 장원을 했다. 윤 의사도 상하이에서 작성한 '윤봉길 이력'에서 자

이 해미에 집결하여 면천으로 향하자 왜병과 싸워 무찌르고 면천, 당진군을 휩쓸었다. 예산, 대흥 덕산지방의 관군과 신례원에서 싸워 이기고 홍주에 쳐들어갔다. 그러나 홍주성에는 일본군과 관군의 신무가 있어서 동학군이 참패를 당하고 청일전쟁으로 이어졌다. 배성선은 이 과정에 참여했던 인물이다.

상하이 의거 당시 윤 의사 가족
(좌로부터 동생 윤성의와 윤남의, 모친 김원상, 부인 배용순, 차남 윤담, 장남 윤종, 부친 윤황)

부인 배용순 여사(1907~1988)

장남 윤종

신이 열다섯 살 되던 1922년 7월에 장원한 '학행'이란 시를 적어놓았다. 함께 오치서숙에서 공부한 이들은 이강돈, 이민덕, 윤순의, 맹영재, 김유현, 안수근, 이종윤이었다. 이민덕은 윤봉길에 대해 "평생에 기억력이 그렇게 뛰어난 사람을 처음 보았다. 한시도 그를 당할 사람이 없고, 글도 수준 이상이었다"고 증언했다.

이때 윤 의사는 오치록 선생의 강의가 없을 때는 가까운 수덕사에 들려 만공 큰 스님의 법문을 들었던 것으로 보인다. 윤 의사는 일제 심문에 종교는 없으나 굳이 말하자면 불교라고 진술했고, 일기장에 불기를 적은 것으로 보아 만공스님의 영향을 받은 것으로 보인다.

물통 폭탄 투척은 윤봉길 의사의 독립전쟁 선포

1942년에 발간된 『백범일지』에는 이렇게 쓰여 있다.

동포 박진(朴震)의 종품(鬃品)공장에서 공인으로 있던 윤봉길군이 홍커우 소채장에 매채업을 하다가 어느 날 조용히 찾아와서 자기가 채람을 배부(背負)하고 일일 홍커우 방면으로 다니는 것은 제(第)가 대지(大志)를 품고 상하이를 천신만고 끝에 왔던 목적을 달성하고자 하는데요. 그럭저럭 중일전쟁도 중국에서 굴욕적으로 정전협정이 성립되는 형세인즉 아무리 생각하여 보아도 당사지처(當死之處)를 구할 길이 없으므로 선생님이 동경 사건과 같은 경륜이 계실 줄 믿으므로 저를 믿으시고 지도하여 주시면 은혜 백골난망입니다.

나는 종전에 공장구경을 다니며 윤군의 진실한 청년 공

인으로 학식도 있는 터로 생활을 위해 노동을 하거니 생각했는데 이제 설심논사(說心論事)를 하여보니 살신성인의 대의(大義) 대지(大志)를 품은 의기남자임을 알고 나는 감복하는 말로 유지자사경성(有志者事竟成)이니 안심하시오. 내가 근일에 연구하는 바가 있으나 당임자(當任者)를 구치 못하여 번민하던 차이었습니다. (…) 왜놈이 4월29일에 소위 천황의 천장절 경축 전례식을 성대하게 거행하며 요무양위(耀武揚威)를 할 터이니 군은 일생 대목적을 이날에 달함이 하여오? 윤군이 쾌락하며 하는 말. "저는 이제부터 흉중에 일점 번민이 없어지고 안온하여집니다. 준비하십시오" 허고 자기처소로 돌아갔다

이 기록을 보면, 윤봉길 의사가 김구 선생을 찾아가 이봉창의 도쿄 사건과 같은 경륜이 계신 줄 믿고 지도해줄 것을 요청해, 천장절 기념식장에서 거사를 치르는 것이 어떠냐 하고 물으니 윤봉길 의사가 쾌락하여 폭탄 준비작업에 들어갔다고 되어 있다.

그렇다면 몇 가지 사실을 확인해보자. 실제 진상은 무엇인가.

상하이 의거를 둘러싼 다섯 가지 쟁점

첫째, 윤봉길 의사가 헌병대의 심문에 따라 작성된 1·2차 헌병대 심문조서와 4차 심문조서 내용이 달라진 점, 둘째, 상하이 생활에서 거사 직전까지 함께 생활했고, 광복군 홍보 책임자였던 김광의 윤 의사에 대한 기록,[1] 셋째, 윤 의사의 한인애국단 입단과 선서 사진 등을 촬영한 안중근의 동생 안공근의 움직임, 넷째, 당시 상하이 독립운동 진영의 상하이 침공에 대한 대응, 다섯째, 그동안 말을 아꼈던 중국 측의 입장 등이 하나하나 살펴볼 쟁점들이다.

거사 계획, 김구 지시가 아니라 윤봉길 안이었다

첫째, 윤봉길 의사의 심문조서를 살펴보면, 1·2차 조서에서 이유필과 모의했다는 진술을 김구의 5월10일 성명 이후 4차 심문조서에서는 이유필 대신에 김구로 바꾸었다.

4월 중순경 계춘건의 집에 있었는데, 저녁 7시 반경 찾아온 사람이 있다고 해서 나가보니 김구가 기다리고 있었다. 김구가 "정말로 독립운동을 위해 노력할 마음이 있는가"라고 물었으므로 나는 김구에게 "당신이 지시하는 대로 하겠다"고 말했다. 김구가 "사실은 독립당 안에 암살단이라는 것이 있는데, 암살단에 들어가기 위해서는 사진 3장이 필요하니까 다음에 사진을 찍자"고 말을 한 뒤 헤어지고, 26일 사해다관에서 김구를 다시 만나 소재 지번 불명의 집으로 갔더니 빨간 가방 속에서 태극기와 폭탄 1개, 권총 1정 및 선서문이 쓰여진 서명종이를 꺼내 나에게 주며 선서문 끝에 서명하라고 했다. 선서문에 서명하고 사진을 찍고 나서 시라카와 및 우에다의 사진을 주고, 보자기를 한 장 사라고 말한 뒤 헤어졌다.*

이유필과 모의했다고 진술했던 것을 김구 선생과 모의한 것으로 바꾼 것이다. 1·2차 진술에서 드러난 이유필 관련설을 따져보자. 윤 의사가 체포 직후에 이유필과 모의했다고 진술했으나 이는 전형적인 교란술이다. 초기에 정신이 없어서 이유필의 이름이 나왔다고 했지만, 진

* 선서는 26일, 사진은 27일 찍었는데, 심문받을 때는 26일 같은 날 다 한 것으로 진술하고 있다.

술 내용이 매우 구체적이어서 일제도 이를 받아들였다. 이유필의 측근들과 가족들은 이유필이 윤봉길과 거사 모의한 것은 사실이고, 그 날짜는 4월24일 일왕의 교육칙어 발표를 기념하는 행사를 공격 목표로 했는데, 폭탄 준비가 안돼서 실패했다고 밝혔다.[2] 윤봉길 의사는 실패한 거사를 사실처럼 얘기해 일제의 수사를 교란시키려 했다고 주장했다. 당시 장제스를 혐오했던 독립운동 진영의 정서로 볼 때, 장제스군으로부터 폭탄을 구하려 하지는 않았을 것이다. 다른 곳에서 구하기로 했으나 결국 이유필의 폭탄 조달 계획은 실패했다.

이런 이유필 측의 주장이 신빙성이 높은 것은 윤봉길 의사의 한국독립당 추천 인사가 이유필이고, 종품공사 파업 당시 중재에 나선 이도 안창호와 이유필이었기 때문이다. 윤봉길과 상의한 젊은 동지들 대부분이 도산과 밀접했고 또 이유필과도 가까웠다. 이유필로부터 폭탄 준비가 어렵다는 얘기를 듣고 안창호, 안공근에게 장제스 군대는 폭탄 준비가 가능하니 김구와 접촉해보라는 얘기가 전달됐을 가능성이 높다.

만약 김구 측의 주장대로라면, 윤봉길 의사가 김광의 집에서 나와 채소 장수로 위장하고, 홍커우 공원 일대를 답사할 때인 3월 하순이나 4월 초에 김구를 찾아가 거사와 폭탄 준비를 상의했을 텐데, 윤 의사는 거사 직전인 4월 중순에야 김구를 만났다. 이로 볼 때 이유필이 폭탄 조달에 실패해 4월24일 거사가 4월29일 거사가 됐다는 주장도 일리가 있다.

여기서 '소재지 불명'이라고 윤 의사가 진술한 것은 안공근의 신분을 보호하기 위해서였다. 한인애국단 선서 현장에는 안공근이 함께 있었다. 그런데 또 이 진술에서는 주목해야 할 부분이 있다. 김구 선생의 주장과 다른 부분이다.

윤봉길의 거처, 즉 계춘건의 집으로 '김구가 찾아와서' 얘기를 나눴다는 것이다. 김구 선생은 윤봉길이 조용히 찾아와서 거사를 지시했다고 증언했다. 하지만, 윤봉길의 심문조서와 김광의 『윤봉길전』에는 분명 김구가 찾아와서 얘기를 했다고 되어 있다. 이 진술의 차이를 우리는 그동안 간과하고 있었다. 또 김구가 찾아온 것이라면 김구는 누군가로부터 윤봉길 의사의 거사 결의에 대한 정보를 전달받은 것이다.

그 누군가는 윤봉길 의사가 계춘건 집에 있다는 정보와 윤 의사가 폭탄을 던질 각오를 하고 있다는 사실을 안

사람일 것이다. 윤 의사와 매우 가깝거나 밀접한 인물이다. 게다가 그 누군가는 김구와도 밀접한 관계를 맺고 있는 사람이어야 한다. 한인애국단 선서문과 태극기 등 윤 의사 거사 증거로 제시된 유명한 사진에 나오는 물품을 보관하고 있는 인물, 한인애국단의 실질적인 책임자일 수밖에 없다. 그는 바로 안공근이다. 안공근은 그의 형 안중근, 안정근과 함께 상하이로 내려와 독립운동을 맹렬하게 하고 있었다. 안창호 선생과도 매우 밀접했고, 같은 황해도 출신인 김구와도 가까웠다. 또 무정부주의자 그룹의 유기석, 정화암 등과도 함께 활동했다.

광복군 홍보 책임자 김광의 증언 기록도 같다

둘째, 상하이 생활에서 거사 직전까지 윤봉길 의사와 함께 생활했고, 후에 김구 선생이 대표로 있었던 광복군 홍보 책임자로 복무했던 김광의 증언이다. 『윤봉길전』은 상하이 거사 직후인 1933년 김광이 쓴 것이다. 만약 『백범일지』의 내용과 정반대의 내용, 즉 윤봉길 의사가 4월 중순에 김구 단장을 만나 일왕 생일날에 일본 수뇌부를 폭살하자는 계획을 설명했다는 김광의 주장이 진실이 아니라면, 그 내용이 책으로 출간되기 어려웠을 것이다.

김광이라는 가명을 쓰고 있는 고영선은 『윤봉길전』에서 윤봉길 의사를 이렇게 회상했다.

> 오랫동안 영어 공부를 하며, 도미를 통해 세계정세를 익히고 더 깊은 학식을 쌓기를 바랐는데, 이를 포기하고, 일군의 상하이 침략에 맞서 '여러 애국동지들과 혁명활동 계획'을 세우고 3월 하순에 김광의 집에서 나와 홍커우 시장에서 가게를 빌려서 '여러 동지들과 거사 계획'을 추진했다. 윤 의사가 4월 중순 경에 김구 단장을 만나 4월29일 일본천황의 천장절을 이용하여 일본의 수뇌들을 일망타진하려는 '계획을 설명'했다. 김구는 고개를 숙여 잠시 동안 묵묵히 사색한 다음 '무거운 마음으로 칭찬을 하면서 참 좋은 계획'이라고 회심의 미소를 지으며 '이 일의 결행을 위임한다'는 뜻을 표했다.

이 기록은 상하이 의거가 김구 지시로 추진된 것처럼 알려져왔던, 그래서 오랫동안 백범의 발언대로 믿어왔던 것을 뒤집어놓는다. 백범 김구 선생은 홍커우 폭탄 의거의 직접적인 역할을 한 폭탄의 제공자로서, 거사 이후인 5월10일에 자신의 지시로 거사가 진행됐다는 점을 비록 영문 자료이지만 만천하에 밝혔다.

그런데 김광의 『윤봉길전』에서는 도미 유학을 준비하고 있던 윤봉길 의사가 상하이 사변 이후로 폭탄 투척 사업에 나서게 된 배경을 설명하고 있다. 상하이 사변 이전과 매우 달라진 윤 의사의 시국 인식과 정세관이 드러난다. 윤 의사는 애초 상하이에 와서 임시정부의 군대 조직에 들어가 독립전쟁에 대비하고자 했는데, 막상 상하이에 와보니 대부분의 독립지사들이 생활고에 허덕이며 독립운동에 대한 확실한 전망이 없는 것을 보았다. 윤 의사는 아직 혁명 시기가 도래하지 않았으니 영어를 공부하는 등 도미 유학을 준비하고자 했다. 주간에 노동을 하고 야간에는 영어학원에 나가 영어 공부하는 생활을 했던 것이다.

이 사실은 윤봉길 의사가 상하이에 와서 주로 흥사단우인 계춘건, 김광, 임득산, 이두섭, 홍재형, 구익균, 최석순, 안공근, 유기석, 정화암 등과 밀접하게 만났다는 것을 의미한다.

윤 의사와 한방을 쓰면서 그의 내부 사정에 정통했고 동생뻴이었던 김광이 이런 기록을 남겼다. 김광이 도산 안창호 선생을 존경해 흥사단 단우로 활동했고, '꿈에서도 거짓말하지 말라'는 도산의 가르침을 철저하게 실천하고 있었다는 점으로 볼 때 이 증언은 있는 사실을 그대로 기록한 것으로 봐야 할 것이다. 물론 한국에서의 윤 의사 활동 기록은 윤 의사로부터 전해 듣는 과정에서 착오가 발생한 것도 있다. 예를 들어 '월진회'를 '자진회'로 한다든가 하는 것이다. 그러나 상하이 시절 기록은 아주 정확하다.

윤봉길 의사가 거처했던 태평공우는 1층에 도산 안창호 선생의 거처가 있었다. 당시에 도산 안창호 선생은 상하이로 망명해온 젊은 학생들을 위해 난징에서 동명학원을 설립해 어학과 유학 준비를 돕는 사업을 했고, 동명학원이 불이 나서 휴업할 수밖에 없게 되자 상하이에 청심학원을 세워 그 뜻을 이어갔다. 김광은 흥사단우였고, 이유필도 신민회 시절의 동지로서 안창호 선생의 측근으로 알려졌다. 윤 의사의 상하이 거처가 대부분 흥사단우들의 집이었다는 점 등도 『백범일지』의 기록대로 진행된 것이 아닐 수도 있다는 점을 시사한다.

윤봉길 의사는 백범 김구 선생의 지시대로 움직인 행동대원이 아니라, 그 스스로 혁명적인 거사를 여러 동지들과 계획하고 폭탄 확보를 위해 김구 선생에게 거사를 상의했던 것은 아닐까.

사라진 안공근의 역할과 그가 김구 성명을 반대한 까닭

셋째, 안중근 의사의 둘째 동생인 안공근의 움직임이다. 안공근, 안창호, 이유필 등 당시 상하이 독립운동 지도부의 역할이 『백범일지』에는 빠져 있다. 한인애국단의 실질적인 운영자이고, 윤봉길 의사의 사진 촬영 등이 진행된 곳이 안공근의 집이다. 그런데 왜 『백범일지』에는 거사 과정에서 중요한 역할을 한 안공근에 관한 언급이 조금도 없는 것일까? 왜 김구 측근들은 안공근을 재정 문제 등을 구실 삼아 끊임없이 모략하고, 또 그들은 안공근 암살설에 휘말렸는가. 윤 의사의 거사 전모를 자세히 알고 있는 김광, 안공근, 안창호 등의 관여 내용이 다 빠진 것은 단순히 보안 문제 때문일까?

김구 선생은 『백범일지』에 '5월10일 성명은 상하이 홍커우 공원 거사와 관련해서 여러 소문이 난무하고 있어서 다른 동지들에게 피해가 가지 않도록 하기 위해서'라고 했다. 하지만, 5월10일은 이미 임시정부 요인들이 전부 도피하고 난 후다. 김구 선생은 안창호 선생에게 거사 날인 4월29일 '10시 이후에 집에 계시지 마시라'는 쪽지를 보낸다. 그렇다면, 5월10일 김구 선생은 성명에서 상하이 임시정부의 여러 지도자들과 협의하에 진행했다고 해도 될 것을 자신이 단독으로 한 것이라고 공포한 것은 단순히 보안을 우려한 발표만은 아니었던 것 같다.

게다가 뜻밖의 소동이 일어났다. 상하이 언론사에 상하이 거사의 배후 인물로 알려진 안창호에 대한 모략 투서가 나돈 것이다. 후에 밝혀진 이 투서의 진원지는 김구 선생의 측근들이었다. 김구 성명과 모략 투서는 어떤 연관이 있는 것일까?

김구 측의 김철, 조소앙, 엄항섭의 주도로 만들어진 5월10일 영문 김구 성명은 김구 단독 기획 거사설로 채워져 있었다. 오직 김구 자신이 독자적인 계획을 세웠고 그의 지도를 받은 윤 의사가 행동대원으로 움직인 것처럼 되어 있다. 물론 당시의 긴박한 상황에서 김구 선생의 본의와 다르게 조소앙 등 측근 그룹이 김구의 주도성을 부각하는 내용으로 바꿔서 내보낸 성명일 수도 있다.

하지만 김구 주도성을 홍보하면서 다른 한편으로는

김구의 측근인 엄항섭과 조소앙, 김철 등이 안창호를 모략하는 투서를 상하이 언론사에 배포한 것은 도대체 무슨 이유인가?

특히 김구 선생의 성명 발표에 대해 윤봉길 의사와 거사 계획을 함께한 안공근이 김구 측의 발표를 반대했던 사실에 주목할 필요가 있다.

김구의 성명 발표와 모략 투서 사건에 분개한 안공근은 박창세, 김동우, 문일민과 진상조사위원회를 조직해 김철, 조소앙, 김석 세 사람을 항저우(杭州)까지 쫓아가서 임시정부 판공처에서 조사한다.

안공근은 임시정부 판공처에서 김철, 조소앙, 김석 세 사람을 조사한 결과, 조소앙이 김철의 조카 김석을 시켜 '안창호는 혁명을 포기한 자며, 거사를 모르고 배회하다 체포된 것'이라는 모략 문건을 작성해 상하이 『시사신보』에 투서하게 했음이 드러났다.

독립운동의 원로이자 영수인 안창호에 대한 중상모략 문건에 책임을 지고 백범의 측근인 엄항섭과 조소앙이 임시정부의 각원●을 사퇴하기로 했다는 성명서[3]가 진상

● 임시정부 내각의 일원.

조사위원회 명의로 발표되었다.

다행히도 당시 발표한 성명서가 남아 있어서 김구 측근들의 책동전이 드러났다. 조소앙과 엄항섭이 모략 사실을 인정할 수밖에 없었던 것은 윤봉길 거사와 안창호의 관계에 정확한 정보를 갖고 있었던 안공근이 진상 조사에 참여하고 있었기 때문이었다.

그런데 독립운동의 최전선에서 형 안중근 의사의 정신을 이어가던 안공근 의사는 1939년 5월 충칭(重慶)에서 실종되었고 시신도 찾지 못했다. 안공근의 딸 안정생은 아버지를 살해한 자를 잡아줄 것을 청원했지만, 용의자를 끝내 잡지 못했다. 당시 안공근의 암살 배후로 일본의 스파이에 의한 암살설, 자금배분 문제로 안공근과 갈등하던 김구 측근에 의한 암살설 등이 나돌았다.

김구 선생은 측근들의 이런 모략 활동을 몰랐을 수도 있다. 하지만 측근들의 투서와 모략 활동의 목표가 안창호와 흥사단으로 집중되고 있는 중국 측의 후원이 자신들에게 돌아오게 할 필요가 절실했고, 김구 선생도 이를 묵시적으로 용인했던 것은 아니었을까.

상하이 침공으로 비상 행동을 강조하다

넷째, 김광, 안공근, 계춘건 등 여러 애국동지와의 혁명 활동 계획이 무엇이었는가. 그리고 이 계획은 윤 의사의 거사와 어떤 관련과 내용을 갖고 있는가. 이에 관한 단서는 어디에도 없다. 김광이 쓴 『윤봉길전』에만 '여러 애국동지들과 계획을 세웠고, 이후에 김구를 만났다'고 되어 있다.

그런데 주목할 것은 상하이 침공에 대한 상하이 독립운동 진영의 대응이다. 상하이에 10만 명의 일본 육해공군이 물밀 듯 밀려들어 상하이가 풍전등화의 위기국면에 빠졌다. 윤봉길 의사를 비롯해 여러 혁명동지들은 토론 끝에 애초에 가졌던 목숨을 던지는 투쟁으로 전환할 필요가 있다는 결론을 냈다.

당시 상하이에 남아있던 젊은 독립운동가들은 윤 의사 폭탄 투척 이전에 몇 차례에 걸쳐 테러 활동을 결행한 바 있다.

중국 측이 협조한 폭탄 제조와 자금 지원

다섯째, 윤봉길 의거와 관련해서 말을 아끼던 중국 측의 입장에 관한 자료가 최근에 나오고 있다.[4] 중국과의 관련성은 일단 폭탄 제조가 중국군의 상하이 병기창에서 제조한 사실, 그리고 중국 정부가 상하이 독립운동가 안창호를 통해 4만 위안의 자금 지원을 했던 것에 관한 내용 등이다.

폭탄은 왕웅(王雄)을 통해 확보했다는 김구의 진술이 있었지만, 최근의 중국 자료는 중국 정부 차원의 결정 없이는 왕웅이 임의로 폭탄을 제조할 수 없다는 점과 안창호에 대한 자금 지원에 대해 여러 근거를 제시하고 있다.

요약하면, 중국명 왕웅(한국명 김홍일)은 한국독립당 당원이자 중국 19로군의 중령 계급으로, 상하이 병기창의 병기주임, 19로군의 후방정보국장을 겸직하고 있었다. 그런데 중령이 독자적으로 폭탄을 제조할 수 있었을까? 김홍일의 부탁을 받은 왕바이수와 상하이 병기창 창장인 송시비아오(송식표) 장군이 상부의 명령이나 허락 없이 폭탄 제조와 실험을 할 수 있었을까?

당시 장제스는 주석직에서 물러났으나 국민정부 군사

위원회 위원장으로서 군사 부문에 관한 감독권을 갖고 있었다. 어떤 문제도 군사위원장의 서명이 있어야 하고, 아니면 최소한 병참총감부, 또는 19로군 사령관의 허가가 있어야 폭탄의 제조가 가능했다.

치열한 상하이 사변 과정에서 중국에서는 일본과의 정전 필요성이 제기되고 있었는데, 중국이 먼저 정전 제안을 하는 것은 분명 부담이 되는 일이었다. 국제연맹의 상하이 주재 영국, 프랑스, 미국 영사들의 조정하에 4월 하순에 일단 휴전을 하기로 한 상황이었고 이런 흐름 속에서 일본군의 일왕 생일축하 행사가 강행되었다. 이에 따라 분노한 중국의 민심이 흉흉했고 중국은 어떤 형태로든 이 행사를 방해할 필요가 있었다. 이 작업을 정전 협상의 당사자인 중국 측이 직접 나서는 것은 곤란한 일이기에, 한국 측에서 해주기를 희망했다.[5]

장제스의 비서 출신인 장잉아오(張英澳)[6]가 회고하기를 난징정부의 행정원장 천밍수(陳銘樞)가 상하이로 가서 암흑계의 거물 왕야챠오(王亞樵)를 만나 거사할 방법을 상의한 결과, 조선 독립운동의 영수이고 조·중 친선활동을 하고 있는 안창호에게 부탁하기로 합의했다. 그 후에 정안사로의 창주반점에서 비밀리에 안창호를 만나 자신들의 입장을 전하자 즉석에서 이 거사를 안창호가 승낙했다는 것이다. 두 사람은 폭탄을 제작해 사용하기로 상의하고, 필요한 경비는 왕야챠오가 책임을 지고, 임무를 수행할 사람의 선발은 안창호 측에서 맡기로 합의를 봤다. 안창호는 이 일을 측근들과 김구와 상의한 뒤 왕야챠오에게 알렸고, 왕야챠오는 천밍수에게 보고했다. 천밍수는 즉각 19로군의 차이팅카이에게 통지하고 폭탄 제조에 협조할 것을 지시했다. 중국 측은 필요 경비로 4만 위안을 지원했다. 왕야챠오는 지하세계의 두목이었고 또한 반장항일• 인사이기도 했다. 이 내용을 기록한 장잉아오(장영오)는 일본 북해도 제국대학을 졸업하고 국민정부의 외교부와 장제스의 비서실에 근무했다. 충칭의 한인 지사들과 자주 접촉했다.

이런 주장은 보다 적극적인 추가 자료 발굴이 필요하지만, 객관적으로 볼 때 상당한 타당성을 갖고 있고 매우 구체적이다. 실제로 이봉창 의사와 몇 차례 상하이 지역에서의 폭탄 투척이 소기의 성과를 내지 못한 것은 폭탄의 성능에 문제가 있었기 때문이다. 천왕 암살보다 중요

• 반장제스 항일 인사라는 뜻.

성이 떨어지는 물통 폭탄의 성능은 획기적으로 개선됐을까. 중국 측의 물통과 도시락 폭탄 준비 못지 않게 스무 번 정도 실험을 통한 살상력 검증을 거쳤다. 과연 한인 중국군 간부 한 명의 노력으로 이런 작업이 가능했을까? 무리한 주장이다. 병기창장이나 19로군 사령관의 허가하에 진행됐기 때문에 폭탄 성능이 개선됐다고 보는 것이 타당하다.

4·29 상하이 의거는 윤 의사의 '독립전쟁 선포'

따라서 이런 여러 요인을 종합해보면, 두 가지 사실을 정리할 수 있다.

첫째, 4·29 상하이 의거는 『백범일지』의 김구 선생이 일왕 생일날 폭탄 투척을 계획한 후 윤봉길을 시켜 거사하게 한 것이 아니라, 윤봉길 의사가 여러 동지들과 계획을 세워 자신의 몸을 폭탄으로 던진 '독립전쟁 선포'라는 것이다.

둘째, 4·29 상하이 의거에 대한 『백범일지』의 기록은 백범의 측근 그룹이 김구의 주도적 역할을 강조하고, 안창호 등에 집중되는 중국 측의 후원을 자신들에게 돌리려는 책동책의 일부였다는 것이다. 마치 안창호 선생을 모략한 문건 배포 사건에서 드러나는 것과 마찬가지다. 그들의 의도대로 안창호는 구속되어 본국에서 대전 감옥으로 가고, 지도자를 잃은 상하이 임시정부는 유랑 속에서 김구 체제가 유지됐고, 김구 측은 윤봉길 거사를 명분으로 장제스 정부의 든든한 재정 지원을 받게 되었다.

그러므로 필자는 윤봉길 의사의 4·29 상하이 폭탄 투척 의거는 윤봉길 의사의 독립전쟁 선포였다고 확신한다. 윤봉길 의사의 살신성인의 투쟁 의지, 안창호 등 상하이 독립지사들의 노력, 김구 선생의 적극적인 안내가 어우러진 안중근 의거 이후 최대의 성과를 낸 의열투쟁이라고 매듭짓고 싶다. 이렇게 규정한다고 해서 김구 선생의 불굴의 항일투쟁 정신이 훼손되는 것도 아니다. 하지만 안중근에 이은 최대의 의열투쟁을 한 윤봉길 의사를 계속 김구의 행동 대원 정도로 묶어두는 것은 윤 의사에 대한 예의도 아니고 또한 역사적 진실도 아니기 때문에 이 점을 분명히 밝히는 것이다.

상하이의 홍커우 공원의 불꽃은 조선 천지를 뒤흔든 폭풍이었고 희망의 내일을 쏘아올린 횃불이었다.

주

1장

1 김광 지음, 『윤봉길전(尹奉吉傳)』(1933년 중국 한광사 출간), 윤봉길 자료집6, 114쪽.

2 이태복 지음, 『도산 안창호 평전』(개정판). 흰두루, 2012, 384쪽, '대일통일전선동맹'.

3 일본 내무성 보안과에서 작성한 보고서에 첨부된 식장 약도(매헌윤봉길전집편찬위원회 편, 『매헌 윤봉길 전집』, 매헌윤봉길의사기념사업회, 2012, 2권, 표지4)

4 『매헌 윤봉길 전집』, 2권, 689쪽.

5 『매헌 윤봉길 전집』, 2권, 표지4.

6 『매헌 윤봉길 전집』, 2권, 434쪽.

7 사형집행 수속 (1), (2). 사형집행 후의 처치. 집행 준비. 『매헌 윤봉길 전집』, 2권, 176~177쪽, 396~397쪽.

8 윤봉길 사형집행 전말 보고 별지 보고 1, 2. (『매헌 윤봉길 전집』, 2권, 171~172쪽, 416~417쪽)

9 김상기 지음, 『윤봉길』, 역사공간, 2013, 150쪽.

10 사형집행시말서. 9사단 군법회의 검찰관 육군법무관 네모도 소다로(根本藏太郎). 『매헌 윤봉길 전집』, 2권, 179~181쪽.

11 상하이에서의 천장절식 중 폭탄 흉변 사건 시라카와 대장 부조료(扶助料) 청구서에 관한 결정. 쇼와7년 9월 육군성 인사국 은상국 촌산대좌.

2장

1 『매헌 윤봉길 전집』 2권, 표2.
2 『매헌 윤봉길 전집』 2권, 상하이 홍커우 공원에서의 폭탄 투척 사건 관련 상하이 총영사보고, 84~87쪽.
3 호텔방 수색에 관한 경찰 보고. 프랑스계 경찰국 정무보고서, 1932년, 4월 29일. 『매헌 윤봉길 전집』 2권, 203쪽.
4 도시락 폭탄의 외형. 『매헌 윤봉길 전집』 2권, '상하이 의거와 순국'. 90쪽.
5 식장 위치도. 『매헌 윤봉길 전집』, 2권, 4쪽.
6 이상재, 윤규상 지음, 『인간 윤봉길 연구』, 월진회, 1995, '어머니에게 보낸 편지', 121쪽.

3장

1 『매헌 윤봉길 전집』 2권, 657쪽.
2 『매헌 윤봉길 전집』 2권, '상하이 의거와 순국', 해제, 10쪽.
3 도산안창호선생기념사업회 편, 『도산안창호전집』 제10권 동우회, 흥사단우 이력서, 735쪽.
4 조소앙, 김철 등 무지한 행동을 징계하고서. 1932년 6월3일.
5 일본군법회의 판결문. 『매헌 윤봉길 전집』, 2권, 559쪽.

4장

1 류근주 편역, 『동북아 100년 제6권 전쟁과 평화』, 도서출판 해맞이, 39쪽, 2007.

5장

1 『매헌 윤봉길 전집』 2권, 헌병대 신문조서, 119쪽.
2 우남이승만문서편찬위원회 편, 『우남 이승만 문서』, 동문편 18권, 연세대학교 현대한국학연구소, 1998, '장붕이 이승만에게 보내는 편지(1920년 7월2일)', 10쪽.
3 『우남 이승만 문서』, 동문편 18권, '조소앙이 이승반에게 보낸 편지'.

218~220쪽. 상하이에서 초기에 이승만 입장을 대변했던 이는 장붕이었고, 조소앙이 뒤를 이었다.

4 이태복 지음, 『도산 안창호 평전』, 255~259쪽.

6장

1 굴천절남(堀川哲男) 지음, 왕재열 옮김, 『손문과 중국혁명』, 역민사, 1983. '국공합작을 향하여', 183쪽.

7장

1 『매헌 윤봉길 전집』 제6권, 『윤봉길전』, 113쪽.

2 도산기념사업회 편, 『흥사단우 명부』 참조. 고영선은 가명으로 '김광'을 썼다는 점도 기록되어 있다.

3 『도산 안창호 전집』 8권, 흥사단원동위원부, 874쪽, 1932, 단우명부.

4 『도산 안창호 평전』 324~325쪽. 『도산 안창호 전집』 8권, 흥사단원동위원부, 5쪽.

8장

1 『매헌 윤봉길 전집』, 1권, '시문과 농민운동'. 845~7쪽.

2 『매헌 윤봉길 전집』, 1권, '시문과 농민운동'. 848쪽.

3 외솔회 편, 『나라 사랑』, 정음사, 1971, 제25집. '영원한 남편, 윤 의사'.

9장

1 『매헌 윤봉길 전집』, 2권 30~32쪽. 자서약력.

10장

1 『매헌 윤봉길 전집』, 1권, 5쪽.

2 『인간 윤봉길 연구』, 63~70쪽.

3 『매헌윤봉길 전집』, 1권, 3~4쪽.

4 『매헌 윤봉길 전집』, 1권, 4쪽.
5 『매헌 윤봉길 전집』, 1집, 5쪽.
6 일기 직해본.
7 『매헌 윤봉길 전집』, 1집, 4쪽.
8 『윤봉길』, 47쪽.
9 『한국 노동문제의 구조』, 김윤환 외, 광민사, 191쪽.
10 『인간 윤봉길 연구』, 88쪽.

11장

1 『인간 윤봉길 연구』, 7쪽.

맺음말

1 김광, 『윤봉길전』.
2 이현희 지음, 『이유필 연구』, 동방도서, 1994.
3 『도산 안창호 전집』 6권, 대한민국 임시정부, 유일랑운동. '성명서, 조소앙, 김철 등의 無恥한 行動을 징계하고, 918쪽, 1932년 6월3일.
4 「매헌 윤봉길 의사의 상하이 의거와 국내외 영향」, 상하이 의거 85주년 기념국제학술회의. 2016년 12월16일
5 서상문, 「윤봉길 의사의 상하이 의거와 중화민국의 한국독립운동 지원」, 매헌 윤봉길 의사의 상하이 의거 85주년 기념 국제학술회 의에서, 2016년 12월.
6 장영오 지음, 『부화장제스시종실적왈자(袂花蔣介石侍從室的曰子)』, 대북, 주지문화출판사, 1995, 83쪽.